ドイツに渡った日本文化

寺澤行忠
Yukitada Terazawa

明石書店

ドイツに渡った日本文化◉目　次

序章　日独文化交流前史——第二次世界大戦まで　13
ケンペル　14／シーボルト　17／留学生とお雇い外国人　21／ヘリゲル、タウト、川上貞奴　25
第一章　現代文化　31
1　マンガ、アニメ　32
2　食文化　36
3　和太鼓　41
4　落語　45
第二章　伝統文化　47

1 茶 道 48
ベルリン 48／ミュンヘン 49／シュトットガルト 49／フランクフルト 50
フライブルク 50／デュッセルドルフ 51／ハンブルク 51

2 生け花 52
草月流 53／小原流 54／池坊 54

3 舞台芸術 56
能・狂言 56／歌舞伎 59／文楽 62

4 日本庭園と盆栽 66
ベルリン、融水園日本庭園 66／ミュンヘン・ウェストパーク、日本庭園
67／アウクスブルク、日本庭園 67／カールスルーエ、日本庭園 68／カイ
ザースラウテルン、日本庭園 68／ボン・ラインアウエンパーク、日本庭園
69／デュッセルドルフ・ノルドパーク、日本庭園 69／デュッセルドルフ・
「恵光」日本文化センター、日本庭園 70／ビーレフェルト、日本庭園 70
ハンブルク・プランテン・ウン・ブローメン公園内、日本庭園 71／ハンブ

ルク大学植物園内、日本庭園　71／ポツダム郊外、盆栽日本庭園　72／ミュンヘン郊外、盆栽作家ウォルター・ポール氏　72／シュトットガルト郊外、盆栽作家ヴァレンティン・ブロッセ氏　73／デュッセルドルフ郊外、盆栽ミュージアム　73

第三章　日本美術　75

ベルリン東洋美術館　78／ドレスデン美術館　80／ミュンヘン五大陸博物館（旧ミュンヘン国立民族学博物館）　81／リンデン博物館　83／ハイデルベルク民族博物館　86／フランクフルト工芸美術館　87／ケルン東洋美術館　88／ランゲン美術館　89／ハンブルク美術工芸博物館　90／ハンブルク民族学博物館　91

第四章　俳　句　93

1　初期の俳句紹介　94

2　俳句理解の深化　96
3　俳句の普及　103
第五章　日本語図書　109
1　翻訳大国ドイツ　110
2　日本文学の翻訳出版　112
3　ドイツ語に翻訳された日本の古典文学作品　116
4　日本語図書のドイツ語訳出版　118
5　「日本文庫」の出版　121
第六章　日本語教育と日本学　123

1　日本語教育の意義　124
2　日本語教育と日本学の歴史　126
3　ドイツの大学と日本学　131

第七章　大学における日本学　137

フンボルト大学　138／フンボルト大学森鷗外記念館　139／ベルリン自由大学　139／ライプチヒ大学　140／ハレ大学（マルティン・ルター大学ハレ・ヴィッテンベルク）　141／ミュンヘン大学（ルートヴィヒ・マクシミリアン大学ミュンヘン）　142／テュービンゲン大学（エーバーハルト・カールス大学テュービンゲン）　144
ハイデルベルク大学（ルプレヒト・カール大学ハイデルベルク）　146／フランクフルト大学（ヨハン・ウォルフガング・ゲーテ大学フランクフルト・アム・マイン）　148／トリア大学　150／ボン大学（ライン・フリードリヒ・ヴィルヘルム大学ボン）　151／ケルン大学　153／デュッセルドルフ大学（ハインリヒ・ハイネ大学

デュッセルドルフ） 154／デュースブルク＝エッセン大学 155／ルール大学
ボーフム 156／ハンブルク大学 157

第八章　ドイツ各地の日本文化 161

1 ベルリン 162
ベルリン日本国大使館 162／ベルリン日独センター 163／ベルリン国立図書館
164／ベルリン独日協会 165／ジャパン・フェスティバル・ベルリン 166／
ベルリンの日本人社会 166

2 ライプチヒ 168
ライプチヒ・ブックメッセ 168／ドイツ書籍文書博物館 169／「日本の家」
169／バッハ資料財団国際広報室長、高野昭夫氏 170

3 ミュンヘン 170
ヤーパン・フェスト（日本祭り） 171／ソプラノ歌手、中村恵理 171／アイゼ

ンブッフ、禅センター普門寺　171／ディンケルシェルベン、正宝寺　172

4 フランクフルト 173

日本語普及センター　174／ニッポン・コネクション　174／フランクフルト・ブックフェア　175／フランクフルト独日協会　176／フランクフルト・日本デー　177／日独盆踊り会　178／メゾソプラノ歌手、白井光子　178

5 ボン 179

早稲田大学ヨーロッパセンター　179／筑波大学ボン事務所　179

6 ケルン 180

ケルン日本文化会館　180／天理日独文化工房　181

7 デュッセルドルフ 182

日本デー（ヤーパン・ターク）　182／日本クラブ　183／「恵光」日本文化センター　183／デュッセルドルフ日本人学校　184／日本映画週間　185／「ニュースダイジェスト」　185

8　ハンブルク　186
ハンブルク独日協会　187／マンガ出版社「トーキョーポップ」　187／ハンブルク日本映画祭　188／日本フェスティバル　188／禅宗寺院　テンブロイ天龍氏　188

終章　日独文化交流の将来――東西文明・文化の融合へ　191

日独文化交流の現在　192／ドイツに学ぶ　195／日本文化の特質　198／東西文明・文化の融合へ　202

あとがき　208
参考文献　211
事項索引　224
人名索引　232

ドイツ連邦共和国

スウェーデン
デンマーク
キール
ハンブルク
ブレーメン
ポーランド
ベルリン
ハノーファー
ビーレフェルト
ポツダム
オランダ
デュースブルク
ボーフム
デュッセルドルフ
カッセル
ライプチヒ
ケルン
ドレスデン
ボン
ベルギー
フランクフルト
ヴュルツブルク
ルクセンブルク
チェコ
トリア
ハイデルベルク
ニュルンベルク
シュトゥットガルト
フランス
ミュンヘン
オーストリア
スイス

序章　日独文化交流前史
——第二次世界大戦まで

フランツ・フォン・シーボルト肖像
（フォン・ブランデンシュタイン＝ツェッペリン家蔵）

ドイツ人の来日は近世初期にまで遡るが、以来我が国はひたすらドイツをはじめ、先進西洋からものを学ぶ時期が長く続いた。美術の分野などでは、浮世絵が早くからヨーロッパ、またドイツに渡り、大きな影響を与えていたが、日本の文化が広くドイツに迎えられ、真に相互交流と呼べるようになるのは、第二次世界大戦以後になってからのことである。そこでドイツからひたすらものを学んだ時期として、便宜的に第二次世界大戦までを日独文化交流の前史として区切り、概観するところから始めることにしたい。

ケンペル

徳川幕府はその鎖国政策により、長崎の出島でのオランダ船、中国船との交易のみを許可していたから、江戸時代にはドイツ人はほとんどすべて、オランダ東インド会社の社員として来日した。

エンゲルベルト・ケンペルもその一人である。ケンペルは一六五一年にウェストファーレン州レムゴに生まれた。一六歳の時にハーメルンの高校に入学以来、あちらこちらの土地の高校や大学を転々としながら、歴史、哲学、文献学、古典文学、地理学など、さまざまな学問を学んだことが知られている。一六七七年、二六歳の時にはケーニヒスベルクの大学で医学を学んだ。

一六八一年には当時の強国スウェーデンに渡り、スウェーデンがペルシャとの通商を求めて派遣する使節団の一員に選ばれた。一行は一六八三年に出発して、まずフィンランドに渡り、モスクワ、カスピ海を経てペルシャのイスファハンに到着、一六八四年七月に国王との謁見を果たし、任務を終えた。

この旅で、ケンペルは途中の町や村の様子、住民の習俗などを仔細に観察し、丹念に記録している。さまざまな未知の土地を好んで歩き、それを詳細な記録に残すことは、彼の天性の資質でもあったようである。

ペルシャ滞在中に、ホルムズ湾のバンダール・アッバースにオランダ東インド会社の船舶が停泊していることを知り、ケンペルはさらに遠方へ旅することを希望した。その願いは叶えられ、一六八八年にインドへ出発した。

ただ、東インド会社は沿岸部に拠点を持っているだけで、本当に行きたかった内陸部へ行くことは不可能であったから、ケンペルは不満を募らせていたが、東インド会社の拠点であるバタビアにいた時に、たまたま長崎のオランダ商館付の医師のポストが空いたので、それに飛びつくように応募して、一六九〇（元禄三）年九月に来日したのである。

日本では長崎の出島が、オランダ人に許された活動の拠点であった。与えられた役割は、もちろん医師としての任務であったが、例によって旺盛な研究心で、彼は日本のさまざまな方面の情報を集め始めた。

ケンペルの仕事には、日本人の助手、今村源右衛門が献身的に協力し、地図や出版物なども熱心に集めた。ケンペルは今村にオランダ語を熱心に教え込んだが、代わりに今村は、この国の位置や状態、政府、制度、宗教、歴史、家庭生活などについて、この上なく詳しく教えてくれ、かつあらゆる文献を探し求めてくれたと述べている（『日本誌』）。

オランダ商館員の大きな仕事は、貿易と共にもう一つ、江戸参府があった。これは義務であったが、ふだん出島から出ることを許されなかったオランダ人が、国内を旅することができる唯一の貴重な機会でもあった。一六九一年にケンペルは医師として、当時の商館長と共に江戸参府の旅に出ている。約三か月の旅で、三週間余り江戸に滞在した。将軍徳川綱吉と謁見し、幕府高官や大奥の女性たちが見ている中で、病気や薬のことを聞かれただけでなく、踊ったり跳ねたり、歌を歌うことを求められたりもした。

この間、日本の実情を詳しく観察し研究することも、むろん熱心に行っている。その成果は『日本誌』の第五巻にまとめられている。

医師であるケンペルは、植物学にも関心を示し、協力者もいて、日本で四二〇種類の植物を収集し、研究した。また江戸参府の途中でひそかに羅針盤なども使い、日本地図を作製した。

約二年間の滞在の後、一六九二年九月、ケンペルは日本を去り、ヨーロッパに帰った。そしてペルシャを中心に、日本についても言及した『廻国奇観《かいこくきかん》』を一七一二年に刊行した。ラテン語で書かれた九〇〇ページを超える書物で、彼の生前に出版された唯一のまとまった著作である。この中で日本の鎖国政策についても触れており、鎖国を肯定的に評価していることが注目される。ヨーロッパ中心史観から脱して、ものにとらわれない目で見ていた彼の姿勢が窺われる。

ケンペルは一七一六年に六五歳で世を去った。その後一七二七年にロンドンで英語版の『日本誌』

が刊行された。これはケンペルの原稿を基に、『廻国奇観』の中から日本に関する論文六編を加えたものである。この『日本誌』は一七二九年にはフランス語版とオランダ語版が出されたが、ドイツ語版はかなり遅れ、一七七七年と一七七九年に二巻本として刊行された。

ケンペルは先入観にとらわれず、客観的な目で日本を観察し、物事を判断することができた。このケンペルの著作が、以後のヨーロッパ人の日本観にきわめて大きな影響を与えることになった。モンテスキュー、ヴォルテール、レッシング、カント、ディドロなどの著作にもその影響がみられる。ペリーが来航した折にも、シーボルトの著作と共に、ケンペルの『日本誌』を携行していた。

シーボルト

ケンペルが日本を去って、約一三〇年後に来日したのが、フィリップ・フランツ・フォン・シーボルトである。彼は一七九六年にヴュルツブルクに生まれ、ヴュルツブルク大学で医学を専攻したが、同時に化学、植物学、地理学、人類学、民族学などにも関心を持ち、熱心に学んだようである。

一八二二年には、オランダ東インド陸軍病院外科少佐に任ぜられ、二三年にバタビアに到着、次いで長崎出島のオランダ商館医官に任ぜられ、七月に着任した。医師としての任務があったのはもちろんだが、同時に総督から日本についての総合的科学的な研究を委任されていた。

二四年には郊外の鳴滝で医院を開業し、日本人を診療するとともに、彼の下に集まってくる門人たちに最新の西洋医学、西洋科学を教授した。またこの年、楠本其扇（お滝）と知り合い、結婚した。

当初よりの目的であった植物学、動物学、鉱物学などの調査研究にも力を注いだ。朝鮮半島、琉球王国、蝦夷、樺太などについての情報も集めた。また鳴滝塾の門下生に論文のテーマを与え、オランダ語で提出させたが、それも参考資料として活用した。

二六年には江戸参府に赴き、将軍徳川家斉に謁見した。約四〇日間滞在した間に、最上徳内、間宮林蔵、高橋景保《かげやす》などと会い、蝦夷や樺太、北方についての貴重な情報に接している。また大槻玄沢ら多くの学者にも会っている。日本で多くの成果を上げ、二八年には船でバタビアに戻る計画であったが、帰国船が台風のため座礁し、積み荷がすべて降ろされた。その積み荷の中に禁制品があることが発覚、シーボルトは国外追放処分となり、連座する者約五〇人に及んだ。いわゆるシーボルト事件である。

ただ、シーボルトはそれまでに収集品の多くを船ですでに送っており、重要な地図類なども、没収される前に徹夜で写している。この事件によるコレクションへの影響は、それほど大きなものではなかった。

二九年年末にシーボルトは離日、バタビアを経て三〇年七月にはオランダに帰り、ライデンで蒐集品の整理と執筆に専念した。三二年には主著である“Nippon”（『日本』、中井晶夫ほか訳、一九七七～七九年、雄松堂書店）の第一分冊がドイツ語で刊行されている。シーボルトの日本研究の集大成といってよく、日本の地理、歴史、宗教、政治、経済など諸分野についての調査・研究で、シーボルト自身の調査結果に加え、周囲の人々の論文などもそのまま生かした総合資料集の体裁をとっている。五一年に第二〇分冊が出され、その時点で残り二分冊と予告されたが、結局未完に終った。一部はオランダ語やフランス語などにも翻訳されている。

三三年に“Fauna Japonica”（『日本動物誌』）第一分冊が、三五年に“Flora Japonica”（『日本植物誌』）第一分冊がそれぞれ刊行されている。日本の動植物多数がヨーロッパに紹介され、学術的価値も高いが、これらの書も共に未完であったことは惜しまれる。シーボルトは鉱物誌の出版も企図して、助手に原稿を依頼していたが、これも出版には至らずに終わった。

四七〇〇点余り（目録）にのぼる彼のコレクションは、三八年にオランダが購入することになり、これがライデン国立博物館の基礎となった。

シーボルトに対し、ボン大学をはじめ、多くの大学から教授として招聘したいとの申し出が寄せられたが、研究に専念したいとの理由で、そのいずれも断っている。

四五年にはベルリンでヘレーネ・フォン・ガーゲルンと再婚、翌年には長男アレクサンダーが生まれた。

五七年にシーボルトの追放令は解除され、シーボルトはオランダ貿易会社の顧問として、再び日本へ赴任することになった。五九年八月、一二歳になっていた長男アレクサンダーを伴い、再び長崎に降り立った。六一年には幕府の顧問となって、外交や貿易について幕府に助言した。二度目の来日時は、政治、外交方面での活動が目立ったが、一方で日本コレクションの収集も精力的に行っている。その四〇〇〇点にのぼるコレクションは、七二年にバイエルン国王の購入するところとなり、それがミュンヘン五大陸博物館（旧ミュンヘン国立民族学博物館）の基礎を築くことになるのである。

六六年、シーボルトはミュンヘンで自らのコレクションを展示する博物館設立の準備中に病で倒れ、七〇年の生涯を閉じた。

長男のアレクサンダーは、はじめイギリス公使館の通訳官となったが、のち明治日本政府の外交顧問として働き、岩倉使節団に同行したり、ベルリン日本公使館に勤務したりするなど、日本外交のために貢献した。またヨーロッパの美術館、博物館の収集活動にも協力し、多くの日本の美術工芸品をヨーロッパにもたらした。

次男のハインリッヒは父の『日本』を完成させるべく、日本の考古学研究に熱心に取り組み、日本民族起源論などの民族学方面の研究と併せ、学界に貢献した。彼が収集した約五二〇〇点のコレクションは、オーストリア皇帝に献上されたが、これがウィーンの国立民族学博物館の日本コレクションの基礎となっている。このことにより、彼は男爵の爵位を与えられた。

一九八九年にはシーボルトゆかりの鳴滝塾隣接の地に、シーボルトの業績を顕彰するために、シーボルト記念館が開設された。全国からシーボルト関連資料約一五〇〇点を収集し、うち二〇〇点余りを常設展示している。また一九九五年には生地ヴュルツブルクに、シーボルトのライフワークを保存するため、シーボルト博物館が設けられた。シーボルトゆかりの品が展示され、その功績を偲ぶことができる。地階には大津市寄贈の茶室がある。

没後一五〇年に当たる二〇一六年に、日本の国立歴史民俗博物館で特別展「よみがえれ！　シーボルトの日本博物館」が開かれた。ミュンヘンの五大陸博物館などが所蔵する、民俗資料として集められた工芸品、陶磁器、衣類、地図、仏像など約三〇〇点が展観に供され、シーボルトが構想していたとされる日本博物館を再現したものである。この展覧会はその後、東京、長崎、名古屋、大阪を巡回した。

またほぼ同じ時期に、東京の国立科学博物館で、企画展「日本の自然を世界に開いたシーボルト」が開かれ、シーボルトが集めた植物や動物、鉱物の標本や著作、約二〇〇〇点が展示された。

留学生とお雇い外国人

一八六一年には日本を訪問したプロイセン使節団と徳川政権との間に日本・プロイセン修好通商条約が結ばれた。プロイセンは当時ドイツ語圏諸国の中でも、南のオーストリア帝国と共に最強を誇った王国で、プロイセン側の特命全権公使は、オイレンブルク伯爵であった。

幕府は、攘夷派の突き上げに対処するため、この条約で定められた六三年の諸港の開港時期の延期を求めることを主目的に、翌六二年一月に竹内保徳下野守を正使とする「文久遣欧使節団」を欧州に派遣した。五月にベルリンに入った一行は、ヴィルヘルム一世に謁見、開港を延期することに成功した。

明治維新後の一八七一年、新政府は右大臣岩倉具視を団長として、アメリカおよび欧州一一か国に「岩倉使節団」を派遣した。それまでに各国と結んでいた不平等条約の改定と、先進西洋の諸制度を視察することが目的であった。

不平等条約の改定には、さらに四半世紀の時間を要することになるが、この時随行した木戸孝允、大久保利通、伊藤博文などは、まさにこれから明治新政府を担うことになる逸材で、この時の見聞が、明治近代国家の建設にきわめて大きな影響を与えたことは言うまでもない。『特命全権大使米欧回覧実記』は、久米邦武によるこの時の詳細な記録である。

幕末から明治にかけての激動の時代、我が国は急いで近代化を成し遂げるために、欧米から学ぶ必要があり、留学生を欧米に送ったことはもちろんであるが、成果が出るまでに一定の時間がかかるところから、まずは多数の外国人を雇い、時代の要請に対応しようとした。

早く一八五五（安政二）年には、長崎海軍伝習所においてオランダ人から軍艦の造船や運用について教授を受けている。

明治に入ると、殖産興業の国家政策から、さらに多くの外国人を雇い入れるようになった。梅溪昇『お雇い外国人』（二〇〇七年、講談社学術文庫）によれば、一八七四（明治七）年〜七五（明治八）年には最多のレベルになり、年間約五〇〇人に達している。明治初期には、工業立国を目指して多くの技術者をイギリスから招いた。

文部省関係のお雇い外国人に関しては、尾形裕康『西洋教育移入の方途』（一九六一年、野間教育研究所）によると、明治年間、官設の大学、あるいは大学程度の学校に奉職した最高クラスのお雇い外国人は約一七〇人で、その中でドイツ人は最も多い六三人であり、全体の三七・二％を占めた。中でも自然科学分野は三九人で、学問の中でも人文・社会分野よりは自然科学分野に重点が置かれていたことが知られる。

留学生の派遣先も、初期にはアメリカ、イギリス、フランスなどが多かったが、一八八〇（明治一三）年頃からはドイツに集中する傾向が出てくる。

外交官の青木周蔵、軍人の乃木希典、医学・文学の森鷗外、味の素の池田菊苗、医学の北里柴三郎・鈴木梅太郎・志賀潔、物理学の長岡半太郎・本多光太郎・朝永振一郎、『広辞苑』編者の新村出など、枚挙にいとまがない。ドイツにおける対日感情や日本に対するイメージが概して良いのは、ドイツに渡った初期の日本人がこのようなきわめて優秀な人々であったことも、その理由の一つに挙げてよいであろう。

明治期のお雇い外国人の中には、ポンペ（医学、オランダ）、ベルツ（医学、ドイツ）、フルベッキ（政治・法制、アメリカ）、ボアソナード（民法・刑法、フランス）、ロエスレル（憲法、ドイツ）、キンドル（貨幣制度、イギリス）、ワグネル（殖産興業、ドイツ）、モース（生物学、アメリカ）、フェノロサ（哲学・美術史、アメリカ）、ケーベル（哲学、ドイツ）など多彩な人物がいた。これらのお雇い外国人は、日本で西洋の学術や技術を教授し、多大な功績があったが、そうした中で、日本の文化を西洋に紹介するという面でも大きな役割を果した人物がいる。そのようなドイツ人の典型として、日本で長い期間を過ごし、日本についての著作を多く著しているベルツを取り上げてみたい。

エルヴィン・ベルツは、一八四九年に南ドイツのビーティヒハイムに生まれ、ライプチヒ大学で医学の学位を得た後、一八七六(明治九)年に来日した。東京大学医学部の前身、東京医学校で生理学や病理学を講義、後には内科学なども講じた。「日本近代医学の父」と呼ばれたベルツは、近代西洋医学を日本に移植しただけではなく、日本人に特有の病気である脚気やツツガムシ病を研究し、また日本の温泉の効用を世界に紹介した。さらに日本人の身体的特徴を日本各地への旅行を通じて人類学的に調査したり、さまざまな分野で大きな功績を残した。

以後日本には、一九〇五(明治三八)年に帰国するまで三〇年間滞在し、この間、前後八年間の欠落はあるが、詳細な日記を残している。一八八八(明治二一)年には荒井ハナと結婚、翌年には長男トクが誕生した。

彼は親しい友人であったハインリッヒ・シーボルトの影響で、日本美術品の蒐集にも力を注いだ。夫人の協力も得ながら、約六〇〇〇点に及ぶ日本美術品を蒐集し、ドイツに持ち帰った。これらの美術品は、いまシュトットガルトのリンデン博物館に所蔵されている。

一九〇一(明治三四)年には、東京大学在職二五年を祝って、記念祝典が開かれた。その挨拶の中で、日本人は西洋文明の果実のみを得ることで満足し、西洋文明の根源にある精神を学ぼうとしないことを述べ、日本の真の友として、この点は強く批判せざるを得ないとしている。

一九〇五(明治三八)年には日本政府より旭日大綬章が贈られたが、この年、妻を伴ってドイツへ帰国した。帰国後もドイツで日本について講演したり、地元紙に寄稿したり、日本紹介に努めた。日記もベルツの死後ではあるが、一九三一(昭和六)年に、長男の編集でドイツで出版されている。

一九一三（大正二）年にシュトットガルトで亡くなった。六四歳であった。文字通り日本とヨーロッパの架け橋の役割を果たした生涯であった。

ヘリゲル、タウト、川上貞奴

お雇い外国人で、ヨーロッパに日本を広く紹介したという意味では、オイゲン・ヘリゲルも大きな役割を果たした。

ヘリゲルは一八八四（明治一七）年にドイツに生まれた、新カント派に連なる哲学者である。一九二四（大正一四）年に東北帝国大学に招かれて来日、二九年まで滞在して哲学を教えた。日本文化にも大きな関心をもち、阿波研造に師事して弓道の修行に励み、帰国に際しては五段を授与された。帰国後その体験をもとに、一九三六（昭和一一）年、ドイツで“Die ritterliche kunst des Bogenschiessens”（騎士的な弓術）と題して講演、この原稿をもとに日本で翻訳書が刊行された。さらにこれをヘリゲル自身が改訂した“Zen in der Kunst des Bogenschiessens”（弓術における禅）が、はじめ一九四八年にコンスタンツで出版され、さらに一九五一年にはミュンヘンのオットー・ヴィルヘルム・バート社に引き継がれて版を重ねた。日本でも『弓と禅』（稲富栄次郎・上田武訳、一九五九年、福村出版）をはじめ、数種類の翻訳書が刊行されている。

西洋の合理的、論理的な精神が、東洋の禅的な精神と接触し、悪戦苦闘の末に弓道の真髄を会得するに至る精神遍歴を記述したもので、ドイツ語、日本語のみならず、英語、フランス語、イタリア語などにも翻訳され、この書がドイツをはじめとする西洋世界に与えた影響は大きかった。

近年は、この書の翻訳上の齟齬や伝記的な矛盾点を突き、ヘリゲルは信用のならぬ人物で、ひいてはこの書も信ずるに足りないとする論も行われているが、指摘されるような点が事実であったとしても、ヘリゲルが日本で弓道の真髄を会得し、その記録が内外の多くの人々に感銘を与えたという事の本質が損なわれるものではない。

帰国後のヘリゲルは、一九二九年にエルランゲン大学で哲学担当の教授に就任し、四四年に学長となった。晩年は南ドイツのガルミッシュ・パルテンキルヘンに隠棲し、五五年に七一歳で死去した。

建築家ブルーノ・タウトも、日本の建築美を海外に紹介した一人である。

タウトは一八八〇（明治一三）年に東プロイセンのケーニヒスベルクに生まれ、同地で建築を学んだ。同じケーニヒスベルク出身の哲学者カントから強い影響を受けた。建築学校卒業後、一九〇九（明治四二）年にベルリンで建築事務所を開いた。ドイツ各地で建築の仕事をしたが、一三年の「鋼鉄の記念塔」、一四年の「ガラスの家」などの作品により、表現主義の建築家として名声を得た。二九年以降にはベルリン住宅公社の建築家として、数々の集合住宅の設計に携わり、国際的な評価を得た。三〇年にはベルリンのシャルロッテンブルク工科大学の教授に就任した。その後ソ連でも活動したことで、ナチスから親ソ連派と目されて迫害され、三三年にかねて親近感を抱いていた日本へ移住した。

早速に桂離宮を訪れ、その美に感銘を受けたが、その後も三六年に離日するまで、伊勢神宮をはじめ鎌倉、飛驒、富山、佐渡、秋田、弘前、松島など日本各地を訪れ、多くの文化人や芸術家とも交わり、日本の文化に親しんだ。当時、ナチスドイツと同盟関係にあった日本では、まともな職や建築家としての仕事に恵まれなかったが、その代わり日本文化について論評した多くの著作を残した。

簡素な美を持つ伊勢神宮や風土と密接に調和した桂離宮に最高の美を見出し、桂離宮について「ここに繰り広げられている美は、理解を絶する美——すなわち偉大な芸術の持つ美である」（『日本美の再発見』増補改訂版、篠田英雄訳、一九六二年、岩波新書）として絶賛したが、一方で華麗な装飾を持つ東照宮を「いかもの（キッチュ）」として嫌った。

日本滞在の後半約二年三か月は、高崎市の達磨寺洗心亭に滞在した。

三六年七月には、イスタンブール芸術アカデミーから教授として招かれてトルコに渡り、建築の仕事にも精力的に取り組んだが、三八年に過労のため五九歳で死去した。当時の朝日新聞は、「日本建築文化に関する英独文著書『日本文化私観』等四書を著し、京都市桂の離宮の建築美を世界に紹介する等、我が国建築学会に多大の功績があった」と彼の業績を称えた。高崎の洗心亭には、いま「我日本文化を愛す」というタウトの言葉を彫った石碑が建っている。

近年、桂離宮の高い評価は、日本のモダニストの建築家たちが、自分たちの主張の権威づけとその普及を意図して、ブルーノ・タウトを担いでつくりだしたものだとする論もみられるが、「愛すればこそ非難もする」と言い、好き嫌いをはっきり述べるタウトが、周囲の思惑や誘導によって意に反することを述べたとは考えられない。

演劇方面では、川上音二郎・貞奴夫妻が、西洋に大きな影響を与えた。

川上音二郎は、一八六四（文久四）年に博多に生まれ、上京して自由民権運動に身を投じた。明治二〇年代には世情を風刺したオッペケペー節が一世を風靡した。九三年に貞奴と結婚、九九年に渡米して妻と共に興行し、人気を博した。その足でフランスへ渡り、パリ万博でも公演し大成功を収めた。美貌の貞奴の評判は抜群で、彫刻家ロダンが貞奴の彫刻をつくりたいと申し出たにもかかわらず、多忙を理由に貞奴に断られたというエピソードが伝えられている。アンドレ・ジッドやパブロ・ピカソも彼女の演技を絶賛した。

その評判はドイツにも伝わり、いったん帰国した後、一九〇一（明治三四）年に渡欧、各地を巡業したが、ドイツでも熱狂的に迎えられ、同年一一月から翌年にかけての三か月間に、二一都市で六四回の公演を行った。最も長かったベルリンでは二八回、ライプチヒでは五回、ハノーファーでは四回、ハンブルクやミュンヘンではそれぞれ三回ずつ公演した。各地の新聞は、一座についての詳細な記事を載せた。この後、ウィーンなどにも足を延ばしているが、公演はいずれも切符が売り切れとなる盛況であった。川上一座の公演はドイツの演劇にも、大きな影響を与えたのである。

さて、以上見てきたように、ケンペルやシーボルトは、日本についての正確な知識をドイツにもたらし、美術や演劇方面では早くから日本の文化がドイツに紹介され、受け入れられた。

また日本は、明治に入り急速に近代化を成し遂げるために、いわゆるお雇い外国人を大量に招き、懸命に先進西洋の文物を学んだが、そうしたお雇い外国人の中で日本と日本文化を深く理解し、敬愛する人々によって、日本が少しずつ西洋、またドイツに紹介されるようになった。

ただ第二次世界大戦までは、日本からドイツへの文化の紹介とその受容は、おおむね知識層の世界のものであり、日本とドイツの交流が一般に広く、本格的に行われるようになるのは、第二次世界大戦以後のことである。

そこで以下、第二次世界大戦以後今日までに、さまざまな分野で、どのように日本の文化がドイツに受容されているか、その具体的な状況を見ていきたい。

第一章　現代文化

フランクフルト「桜の木太鼓」（公演ポスター）

1　マンガ・アニメ

　ドイツにはもともと独自のマンガ文化、コミック文化はなかった。マンガやコミックは低俗なものとして、大人がまともに相手にすべきものとは考えられていなかったのである。

　戦後しばらくすると、フランス、ベルギー、アメリカなどからマンガ、コミックの作品が入ってきて、ある程度の読者を持ち、大人世代の評価も次第に変わってきた。そこへ日本のマンガ『アキラ』（大友克洋、講談社）が一九九一年にドイツで翻訳・出版され、大きな衝撃を与えることになった。

　二〇〇一年には、カールセン社が、少年マンガ雑誌『バンザイ！』（BANZAI!）を発行、エグモント・エハパ社は、「エグモント・マンガ&アニメ・ヨーロッパ」（EMA）という部門を設立して、二〇〇二年に『マンガパワー』（MANGA POWER）を発刊した。またカールセン社は、二〇〇三年に少女マンガ雑誌『ダイスキ』（DAISUKI）を刊行した。ここには日本のマンガ以外に、ドイツの作家の作品も掲載されている。しかし『マンガパワー』誌は、カールセン社の二誌に押され、二〇〇四年に廃刊を余儀なくされた。

　九八年には『ドラゴンボール』（鳥山明、集英社）と『美少女戦士セーラームーン』（武内直子、講談社）が相次いで出版され、マンガブームを引き起した。

ドイツでは、他の一般の書物と同様、もともとマンガも左開きで、左上から右下に向って読み進めていくものであったが、そうするには日本マンガの画像を反転して、配置を変えて印刷しなければならず、経費がかさむという問題があった。カールセン社の『ドラゴンボール』は、ドイツで初めて、日本のマンガと同じように右開きで、右上から左下の方向へ読んでいく方式に変えた。セリフをドイツ語に換える以外は、日本の原作をそのまま使ったのである。印刷も白黒である。読者の若い世代はすぐになじみ、その後ドイツにおけるマンガが、そのような方式を採っていく上で、いわば教育的効果を持った。このマンガは、世界で二億冊以上売れ、世界的ベストセラーになっている。カールセン社は近年、読者の成長に合わせ、青年マンガの開拓にも力を入れている。

エグモント・エハパ社が発行した『美少女戦士セーラームーン』は、女の子たちに熱狂的に受け入れられた。ドイツで初めて、若い女の子をマンガの読者として獲得したのである。さらに二〇〇三年に創刊された少女向け雑誌『ダイスキ』がこの流れを後押しし、男性の読者が多いフランスなどと違って、ドイツでは現在に至るまで女性の読者の方が多いという特徴がある。そして女性の読者を対象とした、男性同士の同性愛を扱う、いわゆるボーイズ・ラブ系のマンガがよく売れている。

また一方で、アダルト系のマンガも人気があり、書店の中にはマンガを店舗に置くことに躊躇する向きもある。

日本のアニメも、ドイツでは非常に人気がある。いささかデータは古いが（調査は毎年行われているわけではなく、二〇一七年八月時点で公表されている最新データである。以下同様）、ジェトロがウェブに公開している二〇〇八年度のドイツの地上波放送における日本製アニメの総放送時間は、一六八一時間に及ぶ。放送時間が特に長いのが、『ワンピース』、『ポケットモンスター』、『遊☆戯☆王』、『NARUTO―ナルト―』などである。ドイツでは同じアニメの作品を、複数の局が同時期に放映したり、一日で数話を連続して放映し、最終回を迎えた後に再び第一話から放映する、といった特徴がある（『ドイツにおけるコンテンツ市場の実態』二〇〇九年）。

二〇〇二年には、ベルリン国際映画祭で、宮崎駿の『千と千尋の神隠し』が金熊賞を受賞した。アニメ映画としては初の受賞作であった。この作品は同年、アメリカのアカデミー長編アニメ映画賞も受賞した。日本国内では興行収入三〇〇億円以上、観客動員数二三〇〇万人と、日本国内映画興行史上、第一位を記録している。

ジェトロがウェブで公表している資料（「フランスを中心とする欧州のコンテンツ市場調査二〇一一―二〇一二」、二〇一三年）によると、二〇一二年時点での各出版社のシェアは、北欧系のカールセン四九％、日米系のトーキョーポップ二四％、北欧系のエグモント・エハパ二三％で、この三社でほとんどを占める。またこの時点での人気マンガは、『NARUTO―ナルト―』、『ワンピース』、『美少女戦士セーラームーン』などである。岸本斉史の『NARUTO―ナルト―』の原作は、『週刊少年ジャンプ』で一九九九年から連載が始まり、二〇一四年に完結したが、累計発行部数はこちらも全世界で二億冊を超えた。ドイツ語訳は辻美幸が、二〇〇一年から二〇一五年まで、一四年かけて完結した。

ところでドイツにおけるアニメやマンガのイベントに、アニマジック、コンニチ、ドコミなどがある。

「アニマジック」は、アニメとマンガの雑誌『アニマニア』が主催して、毎年七～八月にボンで行われるイベントである。アニメ、マンガ、Ｊポップ、ゲームなど広く取り上げ、コスプレ、コンサート、ワークショップ、ゲームコーナーなどでも盛り上げる。一九九九年から始まった。毎年、アニメ・マンガ作家、監督、プロデューサーなどをゲストとして招いている。約一万五〇〇〇人の参加者があるが、会場のベートーベンホールの広さの関係で、会場に入れるのは約六〇〇〇人ほどである。

「コンニチ」は、ドイツ語圏で最も大きなアニメのファンサイト「アニメックス」が主催するイベントである。二〇〇〇年にミュンヘンで設立され、二〇〇三年からはカッセルで開かれている。八八〇〇人余りの会員と、約九万四〇〇〇人のオンラインメンバーで構成されている。閲覧者は毎日四〇〇万人以上という。アニメ、マンガ、コスプレ、ゲームなどはもとより、茶道、生け花、書道、折り紙、囲碁など日本文化関連のワークショップも行われ、二〇一六年には入場者がのべ二万六〇〇〇人あった。会場は歴史的建造物で、これ以上入場者を増やすことができない。

ドイツ国内最大規模のコンベンションの一つとして、ポップカルチャーに限らず、さまざまな日本文化の発信に貢献してきたことで、二〇一四年には日本の外務大臣表彰を受けた。

「ドコミ」は二〇〇九年に始まった、毎年春にデュッセルドルフで行われるコスプレのエキスポである。日本のポップカルチャー好きのドイツの若者が集まるが、やはり多くは女性で、全体の約三分の二を占める。二〇一七年には二日間で約四万人集まり、今やドイツ最大のイベントとなった。二人の学生の熱意で始まり、今も彼らが支えている。会場にはマンガ出版社のブースがあり、さらにメイドカフェ、ホストクラブ、コスプレ舞踏会、ディスコ、カラオケ、ゲーミング、キャラクターオークション等のさまざまな催しがある。ドイツでは自宅ですでにコスプレ衣装に着替えてくるため、朝の主要駅はコスプレ衣装を着けた若者で溢れる。

デュッセルドルフ市内の高木書店によると、二〇一七年八月時点でのマンガの売れ筋は、『ワンピース』、『ナルト』、『ワンパンマン』、『君の名は』、『オレンジ』などだという。

2　食文化

いまドイツはもとより、世界中で日本食がブームとなっている。というより、日本食はすでに世界に受け入れられ、定着してきていると言った方が正確である。

農林水産省が、外務省の協力の下に、海外の日本食レストランの数を調べているが、二〇一五年七月現在、世界全体で約八万九〇〇〇店、ヨーロッパでは約一万五五〇〇店、ドイツで四五六店ある。二〇一三年一月の調査では、世界全体で約五万五〇〇〇店、ヨーロッパでは約五五〇〇店、ドイツで三九九店であったから、ほんの短期間で世界で約一・六倍、ヨーロッパでは約一・九倍の急速な伸び方を示している。ドイツでの伸び方はヨーロッパ全体の趨勢からみるとやや鈍いが、その分、今後の伸びが期待できよう。

近年日本食がこれほど急速な伸びを示していることについては、日本食の味の良さが知られてきたことに加え、近年の健康志向で、ヘルシーな日本食の人気が高まってきたことが大きい。これはドイツのみならず世界的な傾向である。二〇一三年に和食が無形文化遺産に登録されたことも後押ししていよう。

ドイツにおける日本食は、もともと日本の進出企業が多い都会地につくられ、企業は接待にも使ったから、価格も高めに設定されていたが、近年は一般のドイツ人の中にも日本食を好む人々が増え、価格も従来より手の届きやすいものになってきた。ドイツ人が日本食に親しむようになったきっかけは、日本に旅行して日本食を知ったことによるところが大きい。

中でも寿司は世界中に普及しており、ドイツにも広く浸透している。駅やスーパーマーケットなどで、手軽に手に入る。魚が生臭《なまぐさ》いといって敬遠したひと昔前の感覚は、今は希薄になった。ただ、すしネタの魚が日本のようには手に入らないせいか、高級店はともかく、一般にはサーモンなどが多く用いられ、寿司の材料がやや偏っている印象を受ける。

ドイツで寿司店を経営する人は、日本人ばかりではない。日本人が多く住むデュッセルドルフなどでは日本人の経営者が多いが、それ以外ではむしろ中国、韓国、ベトナムなどの東南アジア人であることが多い。これはアメリカなど他の国々でも同様である。むろんだれが経営しても一向に差し支えないが、問題は品質で、単に客の入りがよい、経営上のうまみがあるということで、寿司の味覚もよくわきまえていない者が、見よう見まねで形だけの寿司を握って供されては、寿司という食品についての誤解を生むことになろう。事実そのような粗悪な寿司を出す店も少なからずある。

やはり日本から本格的な技量を持つ板前が現地に出かけて講習会を開いたり、あるいは現地のすし職人を日本に招いて研修の機会を提供したりすることは、ぜひとも必要なことである。農林水産省も「日本食魅力発信アクションプラン」の一環として、日本食についての知識、技量の向上を図るため、民間団体などが海外で働く日本食レストランのシェフなどに研修を行い、一定の水準に達したと認められる者に資格を付与する制度をつくる方向で、いま動き始めた。

寿司に次いで世界に浸透してきたのが、ラーメンである。手軽さも手伝って、今や世界中にラーメン店ができている。

ドイツで最初にできたラーメン店は、二十数年前にデュッセルドルフで開店した「なにわ」である。ドイツ人の客が多く、今でも常に店の前に行列ができている。

ベルリンの「COCOLO」（二〇〇〇年）、フランクフルトの「夢谷」（二〇〇四年）などもそれぞれの地区で最初にできた店であるが、その後大都市を中心に多くの店ができ、ラーメンは今やドイツ人の中にすっかり溶け込んでいる。

それとともに、そば、うどん、焼きそばなどのヌードル類もよく食されるようになってきた。ラーメン店などで存在を知って、だんだん広まったのであろう。

近年、おにぎりも人気である。二〇一〇年にデュッセルドルフにできた、ドイツ人経営の「和楽」が最初で、その後ベルリン、ミュンヘン、ケルンなどにもおにぎり専門店ができている。おにぎりは日本食材店などでも売られている。ドイツ人の口に合わせ、ワサビや味噌、アボカド、マヨネーズを用いたり、無添加の食材のみでつくるなど、オーガニック志向のドイツ人の嗜好に沿ったものになっている。

以前は海苔など、ドイツではあまり好まれなかったが、近年はおにぎりやラーメンに添えられた海苔に抵抗がなくなり、むしろ積極的に注文する客が増えてきた。やはり健康志向がその背景にあるのであろう。

豆腐も素材は植物でありながら、肉や魚に代わる高タンパク源であることが認識されてきて、よく食されるようになった。ベジタリアンにとっては、好個の食材である。加工しやすいことや、さまざまな料理に使えることも、魅力になっている。豆乳や豆乳ヨーグルトも、一般のスーパーで手に入る。

健康食品という意味では、日本茶も注目される。日本からドイツへの輸出額は、二〇一六年には約一三億円であり、アメリカに次いで多い。海外への輸出量の約七%を占めている。日本からドイツへ輸出される農産物の中で、緑茶は第一位である。ドイツ在住の日本人のみならず、ドイツ人がよく買っていくようになった。茶の健康への効用も知られてきて、クッキーやケーキなどの洋菓子、また抹茶アイスクリームなどにも使われるようになっている。

ベルリンにはドイツ人オーナーによる日本茶カフェ“Macha Macha”がある。ここで日本茶の味を知り、愛好者になる者も多い。

日本食の人気の高まりと共に、日本酒の需要も少しずつ増えてきた。日本酒の輸出量も、ここ一〇年で三倍近くに増加している。外務省の在外公館でも、天皇誕生日のレセプションの乾杯は、原則として日本酒でするようになってきた。

従来日本酒は、燗にして飲まれていたが、近年は冷酒が好まれるようになってきた。ただ多くのレストランでは、さまざまな等級、銘柄の酒が、単に「SAKE」として供されており、詳しい説明のできる者がいない。日本酒の需要をさらに伸ばすためには、酒についてきちんとした説明ができるスタッフの養成が欠かせまい。

ドイツにおける日本酒の認知度はまだ決して高いとはいえないので、日本の蔵元を呼んだプレゼンテーションやセミナー、試飲会の開催など、現地での一層の努力が必要であろう。

日本食としてはこのほか、天ぷら、刺身、すき焼き、焼き鳥、たこ焼き、どら焼き、照り焼きなども、ドイツ人に親しまれている。地方都市や農村部には、日本食を供する店はまだ少ないから、こうした日本食の良さが広く認知されれば、ドイツでもまだ日本食の需要は伸びる余地がある。

3　和太鼓

ドイツにおける太鼓は、日本の太鼓グループがドイツに渡って演奏するケースと、ドイツで生まれた太鼓グループが演奏するものとがある。

日本からは、「鬼太鼓座《おんでこざ》」、「鼓童《こどう》」、「ＤＲＵＭ　ＴＡＯ」（どらむ　たお）、「倭《やまと》」、「ＧＯＣＯＯ」（ごくう）など、さまざまな太鼓グループがドイツに渡っている。

一九六八年に田耕《でんたがやす》（本名　田尻耕三）により、佐渡で和太鼓集団「鬼太鼓座」が結成された。一九七五年にメンバーたちはボストンマラソンに出場し、完走後にゴールで三尺八寸の大太鼓を打つという派手なパフォーマンスでデビュー、海外でも活動の舞台を広げた。しかし田耕と他のメンバーの間で意見の違いが生じ、八一年に田は一人佐渡を去った。田は新たにメンバーを得て、二〇〇〇年からは静岡県富士市を拠点に活動をしていたが、二〇〇一年に交通事故で死去、その後は他のメンバーにより、活発な活動が続けられている。二〇〇六年、二〇一三年にもドイツ公演を行っている。

一方佐渡に残されたメンバーは、八一年、「鼓童」を名乗って活動を開始、ベルリン芸術祭でデビューした。海外ツアー、国内ツアー、佐渡での活動時間にそれぞれ一年の三分の一ずつを充てているという。これまでに四六か国でコンサートを行い、ドイツでの公演も一七回を数える。

二〇一二年には歌舞伎の坂東玉三郎を芸術監督に招聘して、公演を行った。二〇一六年三月には、シュトットガルト、ドルトムント、ニュルンベルク、ベルリン、ミュンヘンなどを巡回して演奏を行った。

「DRUM TAO」は一九九三年に愛知県小牧市で結成され、九五年に大分県竹田市に拠点を移して活動する和太鼓パフォーマンス集団である。コシノジュンコがデザインした衣装を身に着け、動画を取り入れた舞台で、時に宮本亜門が演出を手掛けるなど、従来の太鼓のイメージを一新するエンターテイメント舞台を繰り広げる。

二〇〇四年にイギリスのエディンバラでのフェスティバルに出演したのをきっかけに、海外公演も積極的に行うようになった。三三人のメンバーで、現在までに二二か国、四〇〇都市で公演を行い、七〇〇万人近い観客を動員したという。二〇〇六年には、ドイツで三か月のロングラン公演を行った。一九一四年には日本文化の魅力を高いレベルで世界に発信したことで、観光庁長官表彰を受けている。

「倭」は、一九九三年に奈良県明日香村で小川正晃によって結成されたグループで、一年のうち半年から一〇か月間を海外公演に充てている。これまでに五三か国で三〇〇〇回以上の公演を行い、六〇〇万人以上の観客を動員したという。ドイツでもヨーロッパツアーの一環として、ベルリン、フランクフルト、ミュンヘン、ハンブルクなど大都市を中心に、毎年公演を行っている。「ＧＯＣＯＯ」は、一九九七年に結成された、浅野香をリーダーとする和太鼓バンドである。海外でも二〇〇三年以後毎年一～二か月のツアーを行い、すでに二〇〇回を超えるライブを行った。ドイツでは地方都市を中心に活発な公演活動を行っている。

北海道の和太鼓奏者木村善幸は、津軽三味線奏者でもある。毎年ドイツで太鼓演奏や現地の太鼓奏者の指導を行っている。

他にもドイツで演奏活動をする日本の太鼓奏者は多い。

一方、ドイツにも地元の太鼓グループが育っている。もちろん日本の太鼓グループの影響下に生れたものである。

「黒龍太鼓」は、ミュンヘンで活動する太鼓グループである。二〇一一年に発足、太鼓の世界に新機軸を次々に生み出している林英哲の弟子、谷口卓也の指導を受けて活動する。

フランクフルトの「桜の木太鼓」は、ドイツ人の女性による太鼓グループで、すでに一〇年余りの歴史をもつ（31ページの写真を参照）。また同じ太鼓グループで「栗の木太鼓」というグループも活動している。

デュッセルドルフの「てんてこ太鼓」は、モニカ・バウムガルトルによってつくられたドイツでもっとも古い和太鼓グループである。モニカ・バウムガルトルがこの道に入ったのは、「鼓童」のデュッセルドルフ公演を見て、感銘を受けたのがきっかけだという。メンバーはドイツ人と日本人が半々で、一九九一年から演奏活動を始め、スイスやフランスなど、ヨーロッパ各地でも公演も行っている。

このメンバーのうち日本人女性四人が、「太鼓＊雅」を結成、太鼓に横笛や鳴物を加えて、ドイツ、ヨーロッパで演奏活動を行っている。

デュッセルドルフでは、ドイツ人による和太鼓チーム「震太鼓」なども演奏活動をしている。

ハンブルクでは、ハンブルク大学日本学科の学生であったイルカ・ブルグデルファーが、「鼓童」の演奏に感動したことがきっかけで日本に留学して本格的に修業、二〇〇一年にハンブルク初の和太鼓グループ「天狗太鼓」を結成した。メンバーはドイツ人だけである。ハンブルクを中心にドイツ内外で年間四〇〜五〇回公演していたが、事情によりこのグループは二〇〇八年に解散した。

「天狗太鼓」結成時からのメンバーであったイングマー・キカートは、東京の「ＧＯＣＯＯ」が運営している「タヲ太鼓道場」で一年半太鼓を学び、「キオン太鼓道場」を立ち上げた。この道場では約三〇人のメンバーが活動しており、そのほとんどがドイツ人である。

4 落　語

三遊亭竜楽が、八か国語を用いて、落語の魅力を世界に発信している。ドイツ語、フランス語、英語、イタリア語、スペイン語、ポルトガル語、中国語、日本語である。これまでに九か国、四五都市で一五〇公演を行った。

竜楽は、中央大学法学部を卒業し、一九八六年に三遊亭圓楽（五代）に入門、一九九二年に真打ちに昇進した。二〇〇八年から外国公演を始め、二〇一一年以降は毎年ドイツに渡って、ベルリン、ライプチヒ、フランクフルト、ハイデルベルク、ケルン、デュッセルドルフ、ハンブルクなどで公演している。特にライプチヒ大学は、たびたび訪れている。

外国語を用いての口演に、それぞれの会場は爆笑の渦に包まれる。他の日本の諸芸能と同様、落語という芸能が、海外でも充分に理解され、受け入れられるものであることを示している。

第二章　伝統文化

ハンブルク、プランテン・ウン・ブローメン公園日本庭園（著者撮影）

1　茶道

ベルリン

裏千家には従来ベルリン協会がなかったが、ハンブルク在住の佐々木スタンゲ峰子氏が、ベルリン東洋美術館内の一〇畳江戸間の茶室「忘機」で、週末二日間にわたり約一〇人に指導してきた。最近ベルリンは、約四五人の会員を持つ協会として独立した。佐々木氏はそのベルリン協会の会長も兼務し、引き続き指導に当っている。ベルリン東洋美術館内の茶室での稽古は、同博物館を訪れる人々に公開されており、デモンストレーション効果を持っている。佐々木氏は近年、書道も教えている。

二〇一六年一一月には、「業躰《ぎょうてい》」と呼ばれる裏千家の幹部指導者が、ベルリンをはじめ、フランクフルト、ミュンヘン、ハンブルク、デュッセルドルフの五都市をまわり、それぞれ二日間ずつセミナーを開催した。

ミュンヘン

イギリス公園の入り口付近を流れる川の中洲に、日本茶室「閑松庵」がある。一九七二年のミュンヘンオリンピックを機に裏千家から寄贈されたもので、四〇年余りの歴史を持つ。今はバイエルン州に寄付され、州の管理下にある。維持費などは州が負担している。

イギリス公園は、地元のみならず海外から訪れる観光客にも人気があるが、中でもこの茶室は、もっとも人気のある名所の一つとなっている。

四月から一〇月にかけて毎月第二土曜・日曜日に公開し、一回につき三〇人、一日五回呈茶を行う。また夏祭りには一日八回呈茶する。参加者は年間で一〇〇〇人を超える。

デュッセルドルフから倉本宗信が長年指導に来ていたが、倉本は二〇一三年に長逝、現在は大矢幸男氏が指導に当っている。もとニューヨーク、ジュリアード音楽院出身のピアニストである。会員は約三〇人。その八割はドイツ人であるが、ドイツ人は男性が多く、会社を終えてから夕方に来る。精神的に何かを求めている人が多いという。より本質的なものを求めて、禅をやる人も結構いる。大矢氏がいない時には、ヘルマン・グンプ氏が指導する。こちらはドイツ人と日本人が半分ずつである。

シュトットガルト

表千家のハイニシュ八重子氏がリンデン博物館の茶室を使い、一〇年前から週に一回、一〇人弱を教えている。また公民館でも週に二回、約二〇人に指導している。氏はドイツ在住三〇年余りになる。

二〇一六年一〇月から約半年間、リンデンミュージアムでは〝おいしい〟をテーマに、日本の食文化を取り上げた特別展示会が開かれ、その一環として茶道のデモンストレーションも行われた。

フランクフルト

フランクフルトの実業界で活躍するゲルハルト・ヴィースホイ氏夫人であるヴィースホイ・小野由美子氏が裏千家フランクフルト協会の会長を務める。同氏は一九九九年よりフランクフルトで教え始め、今までに一〇〇人近くを指導したという。現在約三〇人を指導しており、そのうちの約三分の二は日本人、三分の一はドイツ人である。バートホンブルクの自宅に本格的な茶室をもつ。広い庭で野《の》点《だて》茶会をすることもある。

茶人としてのみならず、フランクフルト国際婦人クラブの会長として、夫妻で日独親善に尽力している。

フランクフルトの近郊バート・ソーデンで、代谷幸子《しろやさちこ》氏が、一九九九年から二〇一六年まで表千家茶道を指導していた。八〇人ほどを教えたという。日本総領事館の依頼で、州の財務大臣らを招待した席などで、デモンストレーションを行うこともあった。

フライブルク

裏千家フライブルク連絡所のウルリッヒ・ハース氏は、裏千家学園（茶道専門学校）で五年間修業して茶名を取得、さらに天龍寺で三年間禅を修業し、平田精耕老師のもとで得度した。フライブルクを拠点に茶道や禅を指導する。

デュッセルドルフ

デュッセルドルフ在住の倉本宗信が、この三〇年余り、裏千家のドイツにおける中心的指導者として、「恵光《えこう》」日本文化センターで月に一度デモンストレーションを行っていた。一日に約六〇人くらいが参加、ほとんどがドイツ人であった。同センターの近くにある自宅でも二〇人弱を指導していた。またハンブルクやミュンヘンにも定期的に出かけ、ハンブルクで二〇〜三〇人、ミュンヘンでは約三〇人を指導していたが、二〇一三年に逝去した。

ハンブルク

裏千家のハンブルク協会は、一九八五年に組織された。初代竹内朝子会長の後を継いだ佐々木スタンゲ峰子氏が、いまハンブルク美術工芸博物館内の茶室「松清庵」で二〇人余りに指導する。

表千家の中條和子氏は、一九七四年にハンブルクに来て茶道を教えるようになった。現在はプランテン・ウン・ブローメン公園の日本庭園内にある茶室を使った、市が主催する茶会で、夏の間指導している。ドイツ人の弟子が四人いる。池坊の生け花の師範でもある。

2 生け花

ドイツでも生け花はかなり普及している。

「いけばなインターナショナル」という国際的な組織がある。〝花を通じての友好〟をモットーとして、アメリカ人のエレン・アレンによって一九五六年に設立されたもので、現在世界五十数か国および地域に、一六一支部、約七六〇〇人の会員を持っている。アレンは第二次大戦後、GHQの少将であった夫に従って来日したのであるが、日本でいくつかの流派の華道を習った。外国人が呼びかけたことで、流派を超えた組織ができあがったのである。五年に一度世界大会を開いている。二〇一七年には第一一回大会が沖縄で開かれた。現在、片野順子氏が会長を務める。二〇一四年にはドイツのポツダムでヨーロッパ地区大会が開かれ、草月流家元の勅使河原茜氏も参加した。

ドイツでは、ベルリンに四〇人余り、フランクフルトに三十数人、バイエルン州のビーベラハ・アン・デア・リースに二十数人、ケルンに十数人の会員が活動している。草月流、池坊、小原流をはじめ、各流派の会員が個人として参加する組織である。

それとは別に、ドイツには一九八〇年創立の「生け花協会」（IKEBANA-BUNDESVERBAND E.V. 略称

ＩＢＶ）があり、ドイツ創設の二流派を含む約一五流派が所属し、約六〇〇人の会員を持っている。草月流が多い。ドイツ人が大半で、花展やセミナーなど、さまざまな催しを行っている。

ワイマール独日協会のイングリット・バウハウス会長は、生け花の師範で、日本とドイツ間の友好親善および相互理解の促進に長年寄与したことで、二〇一六年に日本政府より旭日双光章が贈られた。

各地にあるフォルクスホッホシューレ Volkshochschule（市民大学、略称ＶＨＳ）でも、生け花が教えられている。花器なども、近年は生け花の心得のあるドイツ人によってつくられるようになった。

草月流

ベルリンとミュンヘンに支部が置かれ、エッセンなど五か所にスタディ・グループがある。ベルリンは約九〇人、ミュンヘンは五十数人、ドイツ全体では二百数十人の会員がいる。

ミュンヘン地区では会員五十数人のうち、約五五％が師範の資格を持っている。会員の約九〇％は女性であり、会員のうち一〇人は日本人である。会員ではないが、草月流の生け花を習っている人も多い。日本祭では他流派と共に生け花展示会を行い、体験コーナーも設けている。見本市でも出店企業からの依頼で、花展やデモンストレーションを行っている。領事館からの依頼で、各種イベントに合わせて花を生けることも多い。グレーフェ彧子《あやこ》氏が支部長を務める。

フランクフルト地区では、林マット利美氏がフランクフルト日本文化普及センターやフォルクスホッホシューレで、約三〇人を指導している。うち約半数がドイツ人で、全員女性である。

小原流

ヨーロッパには二年に一度、日本から講師を派遣して約二週間の講習会を開いている。ヨーロッパ在住の会員が集まる。

小原流には「琳派調いけばな」という表現法がある。これは尾形光琳らの描いた絵画の世界を生け花で表現するもので、三世家元小原豊雲による創案である。海外の会員にも人気がある。いけばなインターナショナルの世界大会が日本で開催される時には、世界各地より約一二〇人が集まり、この催しに合わせて四日間にわたりマスターズセミナーを実施している。

フランクフルトに一九八六年に設立された支部があり、約五〇人の会員がいる。支部長はインゲ・レナート氏。企業、学校、民間団体や大使館などの依頼で、作品展示やデモンストレーション、生け花の講義も行っている

設立当初からコブレンツを中心に講習会を行い、二年ごとにドイツで開催されるナショナル・ガーデン・ショウにも参加している。

ノースウェスト・ジャーマニー・スタディグループは、二〇〇七年に設立され、約二〇人が活動する。

池坊

フランクフルト、ミュンヘンなどに支部がある。日本から二年に一度、本部講師を派遣して講習会

を開いたり、日本への研修旅行を実施している。また花展を催し、会報も発行している。

オイラスブルク、ワイマールには、スタディグループがある。やはり花展や講習会、またデモンストレーションなどを実施している。ポイントナー小茂田氏が、一九六七年よりドイツ支部長を務めている。

ノイウルムには、大石ヘス幸子氏が指導する花禅スタディグループがある。精神性のある生け花を、という基本的な方針で、稽古中はなるべく静かにし、姿勢を正して調身調息（呼吸をととのえて、精神状態の安定をはかること）し、一瞬一瞬生け花に集中するよう指導しているという。今までに五〇人余りを指導した。なお氏は二〇年ほど前から作詞作曲にも手を染め、「凬の息」というＣＤも出している。

デュッセルドルフの「恵光」日本文化センターにおける池坊いけばな教室では、日本から派遣された講師による集中コースが、年四回行われている。

3　舞台芸術

能・狂言

第二次大戦以前は、能や狂言は主として文献によって海外に紹介されていたが、一九五四年にイタリアのベニスで行われた「ベニス国際演劇祭」が、初の海外公演の舞台となった。喜多実を団長として、シテ方一〇名、囃子方五名からなる喜多流と観世流の合同能楽団による公演で、大好評を博した。ドイツでは、一九六五年に観世流の東京能楽団がアテネ公演をした折に、デュッセルドルフにも立ち寄り、梅若六郎、観世元正らが「隅田川」、「松風」を演じたのが最初であった。

以後、七〇年、七一年、七二年、七五年、七六年、八二年、八七年にも観世流を主に、各種能楽団が欧州公演を行った折にその一環として、ドイツでも西ベルリン、ミュンヘン、フランクフルト、ケルン、デュッセルドルフなどの主要都市で能楽を上演している。

八六年、九〇年には、喜多流の狩野秀生、塩津哲生らがハイデルベルクで公演を行った。

一九九九年九月に、「ドイツにおける日本年」の催しの一環として、また東京都とベルリンの友好都市提携五周年を記念して、ベルリンのルネッサンス劇場で、村尚也構成・演出のオムニバス能「源氏物語―変妖―」が演じられた。オムニバス能とは、一つのテーマに沿って選んだ数番の能から抽出したエッセンスを、オムニバス形式で見せるものである。梅若万紀夫、梅若紀長などによって演じられたが、三回の公演のチケットは完売で、最終公演では拍手が鳴りやまず、カーテンコールが四回に及んだという。公演と同時にベルリン芸術大学で、仕舞と謡の実演等のワークショップも行われた。

二〇〇〇年九月には、喜多流の狩野琇鵬を団長とする能楽団がドイツとフランスで公演を行った。ドイツではシュバイヤーで「絵馬」、ハイデルベルク郊外のシュベツィンゲン城で「羽衣」、ハイデルベルクで「土蜘蛛」を上演した。

二〇〇三年九月に、片山家能楽・京舞保存財団がドイツとスイスで公演、ドイツではボンの州立美術館で片山九郎右衛門らにより「天鼓」、「羽衣」、「土蜘蛛」などが演じられた。

同年一〇月には、デュッセルドルフの演劇博物館、ツォンズのツォンズ博物館で、本田光洋らによって「八島」、「羽衣」の解説・着付け、実演が行われた。

二〇〇五年七月の日本・EU市民交流記念「能・狂言」公演が、ドイツ、ポーランド、リトアニア、オーストリア、イギリスで実施されたが、ドイツでは観世清和・野村萬らによってハンブルク、キールで「葵上」などが上演された。

同年一〇月から一一月にかけて梅若研能会欧州公演が行われ、ドイツ、ラトビア、フランス、ベルギーで梅若万三郎（三世）らにより、「井筒」、「安達原」、「恋重荷」、「清経」などが演じられた。ドイツではケルンのフィルハーモニーが会場となった。

二〇〇七年三～四月に、国際交流基金は茂山千之丞が率いる狂言グループをドイツ、ロシア、フランス、イタリアなどに派遣、ドイツではケルン日本文化会館で「棒縛り」「濯ぎ川」の公演が行われた。

二〇一一年一月に日独交流一五〇周年オープニング行事として、金春流能一座が文化庁から文化交流使としてドイツに派遣され、シテ方の本田光洋は、ベルリンの世界文化の家で「船弁慶」、「葵上」、ミュンヘンで「清経」、エアフルト、デュッセルドルフで「船弁慶」を巡回公演した。チケットはすべて完売、四会場五公演で約四〇〇〇人の入場者があった。同氏は二〇〇四年頃から、ツォンズ、デュセルドルフ、ミュンヘンなどで、学生や一般の人々を対象とした実技のワークショップもしばしば行っている。

二〇一一年五月には、モーツアルトの歌劇「魔笛」を狂言風にアレンジしたものが、ハンブルク、ミュンヘンなど六都市で上演された。これは楽曲はそのままで、物語や歌詞を狂言に変換したもので、茂山千之丞の演出、ドイツ文学者小宮正安氏の脚本で、ドイツ・カンマーフィルハーモニー・ブレーメン管楽ゾリステンと大蔵流狂言師茂山一門によって演じられたものである。セリフは日本語で演じ、それにドイツ語の字幕が付されたもので、大好評を博した。この両者の組み合わせによる狂言風モーツアルト歌劇の試みは、二〇〇二年の「ドン・ジョバンニ」から始まって、その後も「フィガロの結婚」、「コジ・ファン・トゥッテ」などいくつかの作品で行われており、日本国内でしばしば上演されている。

二〇一二年七月には、金春流の能公演が、在ドイツ大使館の大使公邸で行われ、約一二〇人の観衆の前で、仕舞「八島」、「羽衣」に続き、「葵上」が演じられた。

日本の能楽師による公演は日本語で演じるが、チェコのヒーブル・オンジェイは、チェコ語で狂言を演じる。日本で大蔵流狂言師の茂山七五三《しげやましめ》に師事、東欧各地で四〇〇回以上演じてきた。会場は大爆笑につつまれ、大受けだったという。能や狂言は、西洋人には一見取り付きにくそうに思われるが、日本語で演じるにせよ、現地語で演じるにせよ、その本質的なものが充分に伝えられることは、実績が示している。

歌舞伎

歌舞伎の海外公演は、一九二八年のロシア公演に始まる長い歴史を持っているが、ドイツにおける最初の公演は、第二次世界大戦後の一九六二年一一月に西ベルリンで行われた世界パントマイム祭の折に、尾上梅幸（七代）が「藤娘」、「京人形」などを演じた催しである。

一九六五年一〇月には日本政府の援助で、ベルリン芸術祭に訪欧歌舞伎使節として、俳優とスタッフ合わせて七〇人が派遣され、西ドイツ、フランス、ポルトガルで公演した。

西ドイツでは、フォルクスビューネ劇場で一〇公演が行われた。中村勘三郎（一七代）、尾上梅幸（七代）、市村羽左衛門（一七代）、尾上菊之助（七代）らによって「俊寛」、「娘道成寺」、「仮名手本忠臣蔵」、「鏡獅子」などが演じられ、大好評を博した。

一九七二年六月に、この年ミュンヘンで開催されたオリンピック大会芸術祭の参加行事として歌舞伎が派遣され、ロンドンでも初の一六公演、ドイツではミュンヘンのゲルトナーブラッツ劇場で四公演が行われた。中村歌右衛門（六代）、中村鴈治郎（二代）、實川延若（三代）、中村芝翫（七代）らによって「仮名手本忠臣蔵」、「隅田川」が演じられたが、連日満員の盛況であった。

一九八一年一〇月には、西ドイツ、フランス、イタリア、イギリスの四か国に国際交流基金の援助で歌舞伎団が派遣された。ドイツでは西ベルリンのフライエン・フォルクスビューネ劇場で、四日間にわたり五公演が行われ、市川猿之助（三代）、市川門之助（七代）、市川段四郎（四代）、中村芝雀（七代）らによって「俊寛」、「黒塚」、「連獅子」が演じられた。

一九八五年五～六月には、国際交流基金の援助で西ドイツ、イタリア、オーストリア、スイス、オランダの五か国八都市で三五公演が行われた。ドイツでは、デュセルドルフのシャウスピルハウス、西ベルリンのフォルクスビューネ劇場で一一公演が行われ、市川猿之助（三代）、市川門之助（七代）、市川段四郎（四代）、中村歌六（五代）らによって、「義経千本桜」が演じられた。西ベルリンでは、この時海外初の宙乗りが実現した。

一九八七年一〇～一一月には、東ドイツ、スペイン、フランス、イギリスの五都市で三六公演が行われた。東ドイツでは東ベルリンのフォルクスビューネ劇場で、通し狂言「義経千本桜」が、市川猿之助（三代）、中村児太郎（五代）、市川門之助（七代）、市川段四郎（四代）らによって、四日間にわたり五公演が行われた。東ベルリンでは初の歌舞伎興行であった。

一九八九年一〇月に、東ドイツ、ベルギー、オーストリアの四都市で、一五公演が行われた。東ドイツでは建国四〇周年記念行事として、東ベルリンのフリードリッヒ劇場とドレスデンのゼンパーオペラ劇場で四公演が行われ、市川團十郎（一二代）、坂東玉三郎（五代）、市川左團次（四代）、中村時蔵（五代）、坂東八十助（五代）らによって「棒しばり」、「鷺娘」、「熊谷陣屋」が演じられた。翌月にはベルリンの壁が崩壊した。

一九九〇年一〇月には、第四二回フランクフルト・ブックフェアにおいて行われた「日本年」の特別行事として、また東京・パリ友好都市提携記念事業の一環として、ドイツとフランスで訪欧公演が行われ、ドイツではフランクフルトの市立劇場大ホールで三公演が行われた。中村歌右衛門（六代）、中村富十郎（五代）、中村福助（八代）らが「身替座禅」、「隅田川」を演じた。

一九九三年九月に、ドイツとポルトガルでヨーロッパ公演が行われ、ドイツではベルリンのベルリン・ドイツ・オペラとデュッセルドルフのライン・ドイツ・オペラで、市川猿之助（三代）、市川段四郎（四代）らによって「黒塚」、「双面《ふたおもて》道成寺」が演じられた。

二〇〇一年三月に、国際交流基金の日本文化紹介派遣事業として、市村萬次郎（二代）らによってイタリア、ブルガリア、ルーマニア、ドイツを巡るヨーロッパ公演が行われた。ドイツでは、エッセンのエッセン・コレオグラフィーセンターとケルン日本文化会館講堂でワークショップを行い、「藤娘」を上演した。

二〇〇〇年に中村勘三郎（一八代）が、「平成中村座」を立ち上げ、国内のみならず、海外でも積極的に公演を行っているが、二〇〇八年五月には「平成中村座」が、ドイツとルーマニアで公演を行った。ベルリンの世界文化の家で行われた公演は、ドイツでは一五年ぶりの本格的なもので、中村勘三郎（一八代）、中村扇雀（三代）、中村橋之助（三代）らによって、串田和美演出による「夏祭浪花鑑」一〇公演が行われた。

以上のように戦後約一〇回の公演が行われたが、一九八〇年代が比較的多く、近年は少ない。これは経済的条件と密接な関係がある。海外では歌舞伎は非常に人気が高く、来演を熱望する声が多く聞かれる。しかしスタッフを含め、数十人から一〇〇人規模で海外公演を行うと、数千万円の費用がかかる。近年は文化庁や国際交流基金の補助金も限られている。入場料収入も、全体の費用を賄うにはまったく足りない。どうしても企業の協賛金が必要となる。ところがバブルがはじけ、殊にリーマンショック以後には、企業の助成がまったく期待できなくなった。近年、ドイツでの公演がほとんど行われなくなった背景には、そうした事情がある。能や狂言、文楽なども同様であるが、国家間の関係で文化交流の果たす役割の重要性を考えるなら、不況だからこそ国は文化交流にもっと力を注ぐべきであろう。

文楽

文楽協会のヨーロッパにおける公演は、歌舞伎に数年遅れる一九六八年四～六月に行われたのが最初である。ベルリン、ハンブルク、パリ、ミラノ、ロンドンの諸都市で、「勧進帳」、「曽根崎心中」、「仮名手本忠臣蔵」「壺坂観音霊験記」などが、竹本津太夫（四代）、野澤松之輔（初代）、桐竹紋十郎（二代）らによって上演された。この時、四九公演で七万四二〇〇人の観客を集めたというから、一公演あたり一五〇〇人を超える盛況であった。

一九八三年六～七月のヨーロッパ公演では、ベルリン、デュッセルドルフその他で、竹本文字太夫（九代）、竹澤團六（八代）、吉田玉男（初代）らによって、「妹《いも》背《せ》山《やま》婦女《おんな》庭訓《ていきん》」が二一公演行われ、約一万五〇〇〇人を集めた。

一九九九年一〇月には、「ドイツにおける日本年」の行事の一環として、竹本住太夫（七代）、豊澤富助（五代）、吉田文雀（初代）らが、ベルリン、ミュンヘン、デュッセルドルフ、ハンブルクで、「曽根崎心中」を上演した。連日カーテンコールの連続で、大好評であった。一二公演で約九〇〇〇人の観客を動員した。

二〇〇三年には、「人形浄瑠璃文楽」が、国連教育科学文化機関（ユネスコ）の世界無形文化遺産に登録された。歌舞伎などに比べても、比較的地味な古典芸能で、一時は存亡の危機にも立たされたが、関係者の努力で存続し、今や世界に誇るべき宝として認められたことになる。

二〇〇五年九～一〇月には「日・EU市民交流年」を記念するヨーロッパ公演が行われた。この時にはEU新加盟のハンガリーと、強い招聘のあったスペインで実施され、ドイツでの公演はなかったが、ブタペスト、マドリードなど五都市で一三公演が行われた。文化庁と国際交流基金の後援による二五名編成の公演で、東欧では初の文楽の舞台であった。いずれも会場は満席で、カーテンコールも数度に及んだという。

文楽の公演では、国内でも二〇〇五年ごろから字幕が用いられているが、海外では字幕の使用が必須である。ドイツ語の字幕は、文楽とドイツ語双方に通じた協力者が得にくいため、ふつう英語の字幕が用いられるが、公演に先立つレクチャー・デモンストレーションなどで、ドイツ人の理解を助けている。

一九九六年に豊竹呂太夫（五代）によって「義太夫節を世界に広める会」が結成されたが、その死後共に活動していた豊澤富助（五代）によって受け継がれ、二〇〇七年には「詰傳《こでん》の会」と改称された。人形を伴わずに、三味線の伴奏と太夫が詞章を語ることによってつくり上げる、義太夫節による素浄瑠璃である。登場人物のすべてを太夫一人が語り分けるところに妙味がある。竹本千歳太夫（初代）の語りと、豊澤富助（五代）の三味線で、しばしばドイツ公演が行われた。こちらは日本語での語りにドイツ語の字幕が付く。

二〇〇六年九～一〇月に国際交流基金は、「義太夫節を世界に広める会」による文楽素浄瑠璃公演をドイツ、フランス、イタリア、オーストリア、ロシアで行った。ドイツではベルリン、ミュンヘン、ケルン、デュッセルドルフの各都市で「一谷嫩軍《いちのたにふたばぐん》記《き》」から熊谷桜の段、熊谷陣屋の段が上演された。

翌二〇〇七年二～三月には、豊澤富助（五代）が文化庁の文化交流使としてドイツ、イギリス、スイス、イタリアに派遣された。
二〇一四年六月には、詰傳の会の竹本千歳太夫（初代）、豊澤富助（五代）によって、ベルリン日独センター、ケルン日本文化会館、バイロイト市立図書館で「摂州合邦辻―合邦庵室の段」が上演された。

素浄瑠璃は、費用が比較的少額で済むところから、近年はしばしばこのかたちで行われるが、もとより本格的な浄瑠璃の舞台ではない。

文楽は日本では、大阪・東京・名古屋のみならず、愛媛県内子町などでも行われている。内子町には一九一六年創建の内子座があり、ここで一九九五年から本格的な文楽の公演が行われている。内子座は二〇一五年に国の重要文化財に指定された。また内子町は二〇一一年にドイツ・ローテンブルク市とアジアで初めて姉妹都市提携し、ドイツとの交流を深めている。二〇一六年には創建一〇〇周年を記念し、「仮名手本忠臣蔵」が、豊竹英《はなふさ》太夫《だゆう》（三代）、竹澤團七（初代）、吉田和生（初代）、桐竹勘十郎（三代）、吉田玉男（二代）らによって演じられた。

浄瑠璃の公演をドイツで行うと、少なくとも数百人の観客が見込めるが、それでも日本からの派遣費用全体をそれで調達することは難しい。ドイツ側からすると、本格的な舞台の公演を望む声は強いが、実現するには文化庁や国際交流基金などの助成が欠かせない。近年の大阪市長の文楽への補助金を大幅に削減する方針に、ドナルド・キーン氏が猛然と反論したのは記憶に新しい。世界に誇る日本文化を後代に伝えて行くことが、現代に生きる我々に課せられた重大な責務であることを、政治家も充分自覚すべきであろう。文楽には限らないが、こうした文化交流予算の維持、増額が切に望まれる。

4　日本庭園と盆栽

海外における日本庭園については、東京農業大学鈴木誠教授を中心とするチームが十数年前から世界規模で調査、二〇一五年には科学研究費の助成を受けて、ドイツにおける日本庭園について現地調査を実施している。それによると、公開されている海外の日本庭園は全部で五五〇か所あり、そのうちヨーロッパに一五六庭園、ドイツには三〇庭園ある。ドイツは国別ではアメリカに次いで多い。ドイツには姉妹都市関係の縁でつくられたものや、園芸博覧会を契機に出展されたものが多数あり、それらで全体の約三分の二を占めている。ほとんどは第二次大戦後の作庭である（鈴木誠・大出英子・鈴木寛人氏、日本造園学会関東支部大会「梗概集／事例・研究報告集」第三三号所収報告、二〇一五年）。

次に、ドイツにおける日本庭園の主なものを取り上げてみたい。

ベルリン、融水園日本庭園

Sバーン（都市高速鉄道）のマルツァン駅から程近いところに、エアホールングスパークがある。

その中に中国庭園や韓国庭園など世界各国の庭園があり、その一角に日本庭園もある。これは日本の禅僧で造園デザイナーでもある枡野俊明氏の設計で、二〇〇三年に竣工した約三〇〇〇平方メートルの池泉回遊式庭園である。庭園は茶屋「如水亭」を中心に、前庭は池泉を中心とした庭園、主庭は枯山水、奥庭は芝生を中心とした構成である。二〇一一年には、皇太子殿下がベルリン市長と共に訪問された。

ミュンヘン・ウェストパーク、日本庭園

一九八三年の国際庭園博覧会の際に、姉妹都市である札幌市の協力で、広大なウェストパークの一角に日本庭園がつくられた。周囲には中国、タイなどのアジアの庭園がある。四阿《あずまや》、待合なども備えた約二一〇〇平方メートルの広さの池泉回遊式庭園であるが、落書きが多く、やや荒れている。

アウクスブルク、日本庭園

ミュンヘンの北西約六〇キロのアウクスブルクにある日本庭園である。一九八五年に都市創立二〇〇〇年の記念事業として州庭園博覧会が開催されたが、その折に姉妹都市である兵庫県尼崎市、滋賀県長浜市が日本庭園を出展し、博覧会終了後にアウクスブルク市に寄贈されたものである。荒木造園の設計と施工でつくられた約四〇〇〇平方メートルの規模を持つ池泉回遊式の庭園で、入口には格子戸の門があり、高さ二メートルの滝から流れ落ちた水は、六段の高低差のある地形を流れ下り、池に

満々とたたえられている。二つの四阿は、板張りの渡り廊下でつながれている。中央部の円形の芝生は、さまざまな野外の文化行事に用いられている。

カールスルーエ、日本庭園

カールスルーエはハイデルベルクの南西約五〇キロにあり、そのシュタットガルテン（中央公園）に日本庭園がある。もともと一九一四年頃から地元の人々の手で、ひょうたん池などがつくられ、以後少しずつ手が加えられて、一九二七年に約三三〇〇平方メートルの日本庭園として開園した。一九六七年にカールスルーエでドイツ連邦園芸博覧会が開催され、その折に上原敬二が市から依頼されて、増築改修した。上原は、滝の流れを加えて池を改修し、さらに道を隔てた公園の池畔に二六四〇平方メートルの枯山水庭園をつくった。枯山水の石組に使われているのは地元産の花崗岩である。それを含めると、全体約六〇〇〇平方メートルの池泉回遊式庭園で、朱の鳥居が二つあり、奥には神殿がしつらえてある。ただ、今は池にほとんど水がない状態で、秋には落葉が降り積もり、手入れが行き届いているとは言い難い。

カイザースラウテルン、日本庭園

フランクフルトから南西に約一〇〇キロほど行ったところにカイザースラウテルンがある。人口約一〇万人、東京都文京区の姉妹都市である。ここにヨーロッパ最大規模の日本庭園がつくられている。

一九九八年に竣工したもので、広さは約一万三五〇〇平方メートルある。入口正面に大きな朱の鳥居が立つが、神社はない。日本を象徴するものとしてつくられたのであろう。池泉回遊式の庭園で、二〇〇五年には万博基金で日本茶室もつくられた。この日本庭園で花見、月見、七夕祭り、子供祭り、和太鼓の演奏、日本舞踊、日本料理の販売、コスプレ大会など、さまざまな行事が行われる。休日には大勢のドイツ人が家族連れで訪れ、賑わっている。

池には文京区にちなみ、東京大学で実験に使用された宇宙メダカが放流されている。

ボン・ラインアウエンパーク、日本庭園

一九七九年に行われた連邦園芸博覧会に、日本政府が出展した本格的な庭園で、約三〇〇〇平方メートルの池泉回遊式庭園である。庭石五〇〇トン、クロマツ、ツツジ、サツキ、ハギなどは日本から送られた。池、石庭、十三層の石塔、四阿、灯籠等があり、秋は紅葉が美しい。東京都墨田区から寄贈された桜もある。

デュッセルドルフ・ノルドパーク、日本庭園

北公園（ノルドパーク）の一角に日本庭園がある。デュッセルドルフに進出していた日本企業が資金を出して一九七五年につくり、デュッセルドルフ市に寄贈したもので、約五〇〇〇平方メートルの池泉回遊式庭園である。設計と施工は岩城造園が当たり、庭石などは現地で調達した。現在も定期的に手入れが行われている。ただ池畔に白いペンキ塗りの鉄製のイスが数脚置かれているが、公園として見るならともかく、日本人が日本庭園として見ると、やや違和感を覚える。

デュッセルドルフ・「恵光」日本文化センター、日本庭園

仏教寺院「恵光」日本文化センター境内につくられた約五〇〇〇平方メートルの日本庭園である。日本家屋周辺の小庭園と山門から本堂に至る広い庭園とから成り、前者は栃木県造園協同組合の施工、後者は箱根植木株式会社の設計、施工で一九九三年に竣工した。数千本の樹木は日本産、約五五〇トンの石材はヨーロッパ産のものが用いられた。寝殿造り風の浄土庭園である。

ビーレフェルト、日本庭園

ビーレフェルトはボーフムとブレーメンのほぼ中間にあり、人口三二万八〇〇〇人の都市である。ここに世界で最初につくられた、てんかんセンターの「ベーテル」があり、一九九三年には天皇皇后両陛下が、ここを訪問された。

この地にビーレフェルト独日協会の主導で、患者や障害者の造園訓練および憩いの場として日本庭園がつくられ、二〇〇三年九月に開園した。協会とベーテルが共有しており、両者が共同で運営している。漆喰の塀に囲まれた約五〇〇平方メートルほどの、前方から一望する体裁の枯山水庭園である。松、楓、紅葉なども植えられている。鎌倉で一年間研修を受けたドイツ人庭師が、現地でドイツ人を指揮して作庭、その後、日本からも宇都宮の庭師が二回ほど渡独し、松の一本一本に日が当たるようにと、細心の注意を払って剪定している。
説明板には、「(ビーレフェルト独日協会は)、深い共感をもってベーテルにいらしてくださった両陛下に、この公園を捧げます」との記載がある。

ハンブルク・プランテン・ウン・ブローメン公園内、日本庭園

ハンブルク大学に隣接するプランテン・ウン・ブローメン公園の入口付近に、約五〇ヘクタールの広大な日本庭園がつくられている(47ページの写真を参照)。荒木芳邦の設計、荒木造園などによる施工で、一九八五年に竣工した池泉回遊式の庭園であり、ウォーリングパーク公園再生デザイン国際コンペの一位入賞作品である。七〇〇トンに及ぶ石材は、ドイツのフィヒテルベルゲ産のものを用いている。茶室もあるが、あまり上質なつくりとはいえない。ベンチも多く置かれ、市民の憩いの場として、広く親しまれている。

ハンブルク大学植物園内、日本庭園

中央駅からSバーン(都市高速鉄道)で行くと、アルトナの少し先、クライン・フロットベクにハンブルク大学植物園がある。広大な植物園の奥に約五〇〇〇平方メートルの広さを持つ日本庭園があり、上部には座禅台を持つ枯山水庭園が、下部には池がつくられている。設計と施工はこちらも荒木芳邦と荒木造園などによるもので、一九七八年に竣工した。

近年、ヨーロッパにも盆栽の愛好者が増えてきた。イタリアやスペインは特に盛んであり、次いでドイツにも盆栽趣味が広がってきている。ドイツ盆栽協会には二〇〇〇人を超える会員がおり、五〇〇〇人から一万人の愛好者がいるという。ヨーロッパではイギリスやフランスをも含め、それぞれの国語で盆栽雑誌が発行されている。

ポツダム郊外、盆栽日本庭園

ポツダム郊外のフェルシに盆栽日本庭園がある。池泉回遊式の日本庭園と盆栽を展示するスペースが二か所にある。別の一角には枯山水庭園や壺庭も設けられている。庭園の中にも盆栽が散在する。盆栽は即売されている。ドイツ人の経営だが、日本人の庭師が時々手入れに来る。手入れはかなり行き届いている。一〇数年の歴史があり、七人が働いている。

ベルリン市内には三〇年以上前から経営している盆栽店がある。

ミュンヘン郊外、盆栽作家ウォルター・ポール氏

ミュンヘンの郊外、エーグリング在住のウォルター・ポール氏は盆栽愛好家の世界ではカリスマと呼ばれる、ヨーロッパを代表する盆栽作家である。

自宅には一〇〇〇鉢を超える盆栽作品があり、国内外で数十の賞を受けている。

シュトットガルト郊外、盆栽作家ヴァレンティン・ブロッセ氏

シュトットガルトの北東五〇キロ余りのところにシュウェービッシュ・ハルという町がある。この町に在住するヴァレンティン・ブロッセ氏は、日本で小林國雄氏が運営する盆栽美術館「春花園」で三年間修業、ドイツに帰って年に二〇回以上の盆栽ワークショップを開き、盆栽愛好家を指導している。ドイツのみならず、スイス、ベルギー、オーストリア、イタリア、イギリスなどでワークショップやイベント、展示会を催し、ヨーロッパを舞台に活躍している。慶應義塾大学出身の中国人、ティンティン・ワン夫人が、その仕事を全面的にバックアップしている。

デュッセルドルフ郊外、盆栽ミュージアム

デュッセルドルフの郊外ハムに、ドイツ人の盆栽愛好家、ヴェルナー・ブッシュ氏による盆栽ミュージアムがあり、数百鉢の盆栽が展示されている。農園の一角を仕切って盆栽を展示したもので、盆栽の歴史や育成法も学べる要素を取り入れている。ここにある盆栽の七~八割は、日本からの輸入品である。

第三章　日本美術

ベルリン東洋美術館蔵「熈代勝覧」（部分）

日本の美術は、ドイツにかなり早い時期から渡っている。

すでに一八世紀の初めには、伊万里焼などの大量の磁器がヨーロッパに渡り、それらはオランダの商人を通してドイツの王侯貴族などに買われ、邸宅の重要な部屋の装飾に使われたが、同時にドイツの初期マイセンの焼き物を生むなどの影響を与えた。

一九世紀後半の開国前後には浮世絵がヨーロッパに渡り、いわゆるジャポニスムブームを引き起こした。

初代英国公使ラザフォード・オールコックは、日本や中国で大量の美術品や物産を購入して、一八六二年に開かれた第二回ロンドン万国博覧会に送っている。徳川幕府、薩摩藩、肥前藩が参加した六七年の第二回パリ万博、明治政府が参加した七三年のウィーン万博、七八年の第三回パリ万博などには、浮世絵をはじめ大量の美術品も送られており、これらが日本の美術がヨーロッパに浸透するきっかけとなった。

一九二六年にドイツでは、日本を含む東洋美術研究者の団体「東亜美術協会」が設立され、設立三年後には会員が一〇〇〇人を超えている。

そうした日本美術研究の進展を背景に、一九三九年、第二次世界大戦前夜に、ベルリンでドイツにおける日本美術展としては空前の質的内容をもつ「伯林《ベルリン》日本古美術展覧会」が開かれた（『ナチス・ドイツと〈帝国〉日本美術　歴史から消された展覧会』安松みゆき、二〇一六年二月、吉川弘文館）。

それまでヨーロッパにおける日本美術と言えば、浮世絵や工芸品に偏りがちであったが、そうした日本美術に対する受容のあり方を正す、ほぼ日本美術の全貌を示すものであった。総数一二六点のうち当時の国宝が二九点、重要美術品が六三点、御物が二点含まれていた。彫刻、仏画、楽面および能衣装、大和絵、水墨画および墨絵系装飾屏風、諸派装飾屏風、狩野派、光悦派および文人画、丸山四条派、浮世絵など、各ジャンル各時代からまんべんなく選定された。これらの作品はすでにヨーロッパに渡ったものは含まれておらず、すべて日本からドイツに運ばれたものであった。

ただ国宝の海外持ち出しを禁ずる国宝保存法があり、海外での質の高い展覧会は困難であったが、一九三六年の日独防共協定締結の政治的な動きを背景に、大量の国宝の搬出が超法規的に実現したのである。会場のドイツ美術館には、およそ一か月の会期中に約七万人が訪れた。

戦後は日独交流が一層盛んになり、二〇一一年八〜一〇月に、日独交流一五〇周年を記念して、ベルリンのマルティン・グロピウス・バウで「北斎展」が開かれた。国際交流基金、墨田区、日本経済新聞社、ベルリン芸術祭、マルティン・グロピウス・バウ、ベルリン日独センターの共催で、錦絵、版本挿絵、絵手本、摺物、肉筆画など、北斎の全貌を示す作品四四一点が公開された。このうちの四二九点は、日本から持ち込んだもので、一〇点はベルリン東洋美術館蔵『北斎漫画』の初編から一〇編までの初版本であった。開催には当時のベルリン日独センター副事務長、清水陽一氏の尽力が大きかった。

ドイツの美術館、博物館のおける日本美術の現況は、“*Japanese Collections in European Museums*”

（ヨーロッパの博物館・美術館所蔵の日本関係コレクション〈全二巻〉、ヨーゼフ・クライナー氏編、二〇〇五年、ビーアシェ社）に詳しい。この書には、ロシアを除き、トルコやイスラエルを含むヨーロッパ三一か国二〇〇か所以上の博物館・美術館に所蔵されている約四〇万点の美術、工芸、民族学的な日本コレクションが英文で紹介されている。

さて、ドイツ各地には、現在多数の日本美術作品のコレクションがある。それらを美術館ごとに、その来歴や所蔵状況などを見ていきたい。

ベルリン東洋美術館

一九〇六年、ウィルヘルム・フォン・ボーデによって王立プロイセン博物館群の中の独立した機関として、東洋美術コレクション部門が設立され、オットー・キュンメルが、その初代館長に就任した。日本美術のコレクションは、美術商・林忠正の遺産から購入した作品をもとに発足した。一九二一年には、ベルリン駐在元日本領事であったグスタフ・ヤコビから大量の作品が贈与されている。この中には数百点の漆塗りの作品や本阿弥光悦、俵屋宗達の珠玉の作品が含まれていた。

美術館は第二次世界大戦により、大きな被害を受けることになった。一九四五年には約六〇〇〇点あったコレクションの大半をソ連に持って行かれ、戦前に所有していた作品の数パーセントから再建しなければならなかった。一九五九年にソ連から返還された、モンピジュー城の東洋コレクションと工芸美術館が所持していた作品をもとに再建された。

一九七〇年にはダーレムの美術館群の新館へ移転した。この東洋美術館は日本と中国の作品が多く、韓国のものは少ない。中央アジアの壁画のコレクションが有名である。日本コレクションは、全部で約一万五〇〇〇点あり、そのうち八〇〇〇点が浮世絵版画、八〇〇点が絵画、残りは工芸品で、陶磁器が多い。

蒐集品の中でも「熈代勝覧《きだいしょうらん》」は出色である（75ページの写真を参照）。これは文化年間（一八〇四～一八一八年）に成立したと考えられる絵巻物で、日本橋通りの今川橋から日本橋まで、約七町分の西側を俯瞰したかたちで、街の様子が詳細に描き込まれている。タテ四三・七×ヨコ一二三二・二センチメートルの紙幅に、店舗約九〇軒、人物一六七一人、犬二〇匹、馬一三頭、牛四頭、猿一匹、鷹二羽などが描かれている。当時の江戸の様子を知る上でも有用で、絵画作品としてのみならず、歴史資料としても極めて貴重な資料である。「熈代勝覧」とは、耀ける御代の優れた景観の意であろう。

これはハンス・ヨアヒム・キュステル夫妻が親類宅の屋根裏部屋で発見し、ベルリン東洋美術館に寄託したもので、当初は中国絵画と考えられて、収蔵庫に保管されたままになっていた。キュステルの死後、改めて調査が行われ、学芸員アカン・トリン氏により日本美術品と認定されて、注目を集めることになった。いま日本でも地元保存会などが中心となり、その複製絵巻を東京メトロ三越前駅の地下コンコース壁面に展示している。

それ以外にも、本美術館には俵屋宗達、本阿弥光悦「四季草花下絵和歌色紙帖」（江戸時代）、土佐広周《ひろちか》「点稚彦《あめわかひこ》草紙絵巻」（室町時代）、奥村政信「鏡をみる美人」、東洲斎写楽「四代目岩井四郎」などの優れた作品がある。

一九九二年には、「ベルリン東洋美術館名品展」が東京を皮切りに開かれ、福岡、名古屋、京都、横浜を巡回した。また二〇〇八年には「美がむすぶ絆」と銘打ったベルリン国立アジア美術館所蔵日本美術展が日本で開かれ、郡山市立美術館、岩手県立美術館、山口県立美術館、愛媛県美術館を巡回した。

学芸員のアレクサンダー・ホーフマン博士が日本美術を担当する。

ドレスデン美術館

ドレスデン美術館は、ドレスデン市内にある一二の美術館の総称であるが、その一角のツヴィンガー宮殿に磁器のコレクションがあり、大量の日本の磁器が収蔵されている。その収集は一八世紀前期、主に一七一五年頃から一七一七年頃の間に、ザクセン選帝侯フリードリヒ・アウグスト一世、世に言うアウグスト強王によって行われた。当時日本と交易のあったオランダ商人が日本から買い付け、それをアウグスト強王が購入したのである。当時の王侯貴族の世界では、特別な部屋を多数の日本や中国の磁器で飾り立てることが流行していた。磁器は部屋を飾るためのものであり、実用に供されたものではなかった。今もツヴィンガー宮殿に多く残る日本の大型の壺や皿は、部屋の装飾品としてまさにふさわしいものであった。

ツヴィンガー宮殿には、現在も一七二一年に書かれた収蔵品の目録が残っており、購入したものが台帳に番号を付して記録してある。

第二次世界大戦によって、美術館は壊滅的被害を受けたが、これらの収集品はドイツのいくつかの城に疎開させていたため、被災から免れた。現在日本の磁器を約三五〇〇点収蔵しているが、そのうちの一割程度を展示し、他は収蔵庫に保管してある。アウグスト強王は柿右衛門様式の磁器が大好きであった。現在残されている磁器コレクションの中でももっとも多いのが、有田で作られた金襴手の古伊万里である。それらは輸出を意識して作られており、ヨーロッパ趣味が濃厚に出ている。この日本や中国の磁器を手本に、マイセン初期の磁器が生み出されるのである。

収蔵するコレクションの中には、「色絵窓絵宝文三足香炉」、「色絵花卉文六角壺」、「色絵草花文瓶」「色絵花盆文八角瓶」、「色絵山水文大壺」、「色絵楼閣桜富士婦人文蓋付大鉢」、「染付牡丹仏手紺文蓋付鉢」などの優れたものがある。

一九九三年四月には、有田ポーセリンパーク・ツヴィンガー宮殿で「海を渡った古伊万里展」が開かれ、ドレスデン美術館からも三〇点余りの磁器作品が出品された。

コーラ・ビュルメル学芸員が、磁器コレクションを管理する。

ミュンヘン五大陸博物館（旧ミュンヘン国立民族学博物館）

ドイツでは、自国の勢力の拡大や植民地を確保する必要から、民族学的コレクションの収集に早くから力を注いできた。それも商人や植民地に派遣する官僚・軍人を教育する意味でも、美術品よりは工芸品や日常生活用品が中心であった。その点、アメリカのモース・コレクションと似た性格がある。一八六八年にそれらのコレクションがミュンヘンで一般に公開されるようになり、ミュンヘン国立民族学博物館が誕生した。このミュンヘン国立民族学博物館は、二〇一四年にミュンヘン五大陸博物館と改称されている。

シーボルトはそのコレクションを、かねてバイエルン国王ルードヴィッヒ二世に購入してくれるよう働きかけていたが、シーボルトの死後の一八七四年になってそれが実現する。以来シーボルト・コレクションは、同博物館コレクションの重要な柱となっている。このコレクションは一八五九〜六二年の二度目の来日時に、主に江戸で収集したもので六〇〇〇点以上あり、その多くが民俗資料である。それらは日常使う道具類、玩具、小銭、貝細工、漢方薬、紙製品、民具、染色、漆器、陶磁器、地図、絵画、仏像彫刻など多岐にわたっている。館内に展示されているのは、そのうちのごく一部である。これらの収集品は、単に商業や貿易に役だてるという実用目的に沿っているだけではなく、日本という国をドイツに正しく伝えようとするシーボルトの意思が伝わるものとなっている。

ドイツに所蔵されるシーボルト・コレクションについては、二〇一〇年度から一五年度にかけて、国立歴史民俗博物館の久留島浩教授、日高薫教授を中心とするチームによって悉皆調査と写真撮影が行われ、全点画像付きのデータベースが完成、それらの成果が国立歴史民俗博物館のホームページで公開されている。

総点数一万八三一一点の内訳は、シーボルトの末裔であるブランデンシュタイン＝ツェッペリン家に六六六三点、ルール大学ボーフム図書館に五九〇点、このミュンヘン五大陸博物館の所蔵品が三五七八点である。前二者が文献資料であるのに対し、五大陸博物館所蔵品は多くが民俗関係の収集品である点に特色がある。

この博物館にはまた、二〇世紀初めに日本美術品を収集したフライブルク大学の民俗学者、エルンスト・グロッセのコレクションがある。そのコレクションの中に、一一点の伎楽面や舞楽面の残欠があり、近年の研究で、これらは法隆寺や東大寺に伝来した古い作品群であることが判明し、注目されている。

リンデン博物館

リンデン博物館は、一九一一年に開館したが、その前身は一八八二年に設立されたシュトットガルト地理民族学協会であった。館の名称はこの博物館の共同創立者の一人で、最も重要なパトロンであった、カール・リンデン伯爵の名にちなんでいる。

三階に日本と中国の美術品を陳列しているが、日本の美術品の方がはるかに多い。それらの美術品と共に、日本家屋を三部屋分移築したものや、路地と待合のある茶室を移築再現したものが館内にしつらえてある。

開館当初は、アメリカ、アフリカ、オセアニア、アジアの四部門、約六万五〇〇〇点の収蔵品から出発したが、現在は約一六万点を所蔵するヨーロッパ有数の博物館となっている。

このうち日本を中心に、中国、韓国を含めた東アジアの収蔵品は約二万点あり、それらのうち約六〇〇点がこの本館に、約三五〇点がカールスルーエ近郊のエトリンゲン城内の分館に常設展示されている。

一九六九年には、クリスチャン・トランプ夫妻から、そのほとんどが日本の品である二〇〇〇余りのコレクションが寄贈され、日本コレクションは大いに充実した。

しかし、日本美術コレクションの中核をなしているのは、約六〇〇〇点に及ぶエルヴィン・ベルツのコレクションである。ベルツはいわゆるお雇い外国人として一八七六（明治九）年に来日し、一九〇二（明治三五）年まで、二十数年にわたり東京大学医学部で教授を務め、日本の医学の発展に多大な貢献をした学者である。その傍ら日本美術に関心をもち、膨大な数の美術品を購入した。この中には仏画や狩野派をはじめとする一八～一九世紀の諸流派の絵画が多く含まれているが、それ以外にも絵巻物、浮世絵、陶器、漆器、工芸品、織物、武具等多岐にわたっている。また素描作品や粉本、未表装の下絵、習作類などを多く含んでいるのも特徴で、当時の画壇の実相をよく伝えるものとなっている。

ベルツは一八九二（明治二五）年に一時帰国した際に、それまでの蒐集品をすべて持ち帰り、ヴュテンベルグ王立産業博物館に売却している。この博物館は一九六八年に解体されることになるが、ベルツ・コレクションのほとんどが、一九三三年にはリンデン博物館に永久貸与されており、一九八二年に州政府令により、正式に同博物館の所蔵となったのである。このコレクションは、ヴュテンベルグ王立産業博物館に売却されて以来、一〇〇年近くもきちんとした調査が行われてこなかったが、この年に京都大学の佐々木丞平助教授や東京大学の河野元昭助教授の手によって、初めて本格的な学術調査が行われた。

これらの中には「源氏物語絵巻」「住吉物語絵巻」、「尭舜物語絵巻」、「羅生門絵巻」、「酒呑童子絵巻」、「源氏物語貼交屏風」、「瀟湘八景図屏風」、「四季花鳥図屏風」、「仙人囲碁図」などの優品がある。

帰国後もベルツは、ドイツの日本に対する理解を深めるため、しばしば講演したり、著作活動に従事した。

一九九三年から翌年にかけて、「ベルツ・コレクション　帰ってきた幕末・明治の絵画　ドイツ・リンデン博物館所蔵」と題する展覧会がリンデン博物館、ドイツ日本研究所、朝日新聞社の主催で開かれ、リンデン博物館が所蔵する約一三〇点の作品が展観された。この展覧会は、東京、横浜、大阪、名古屋、福岡を巡回した。

また二〇〇八年から翌年にかけて、「江戸と明治の華　皇室侍医ベルツ博士の眼」と題する展覧会が、リンデン博物館、ＭＯＡ美術館、朝日新聞社の主催で開かれ、岐阜、島根、仙台、大阪、富山県高岡、静岡を巡回した。

シニア・キュレーターのウタ・ヴェルトリッッヒ氏が日本美術を担当する。

ハイデルベルク民族博物館

ハイデルベルク大学のヴィクトア・ゴールドシュミット教授は、著名な結晶学者であったが、その関心は専門領域にとどまらず、原始・先史時代の発掘品や民族学関係の遺物、民族誌関係の記録などにも及んでおり、広範囲な収集活動を行った。

ヨーロッパ以外の美術品や工芸品を集めるため世界旅行をしたゴールドシュミットは、一八九四年からその翌年にかけて妻と共に日本を訪問し、その折の収集品をもとに、日本関係コレクションを充実させていった。日本コレクションは、版画、版本、絵画、彫刻、書跡、陶磁器、工芸品など約三〇〇〇点に達するが、中でも多いのが色刷り版画である。彼は結晶学から色彩論に関心を広げており、その関連でとりわけ日本の木版画に関心を寄せたのではないかと推測されている。

一九一九年、ヴィクトア・ゴールドシュミットは、出資者の名前を冠した「ヨセフィーネ・エドワード・フォン・ポルトハイム基金」を設立した。彼の母親と妻の父親の名である。一九二二年には基金の本拠とし、コレクションを展示、保存するために、ハイデルベルク城の麓にあったプリンス・ウィルヘルム・フォン・ザクセン＝ワイマール＝アイゼナッハの館を譲り受けた。これが今パレ・ワイマールと呼ばれる、現在の民族学博物館が入っている建物である。

一九九九年から二〇〇一年にかけて、ハイデルベルク大学美術史研究所東洋美術史研究室と東京国立博物館による国際共同プロジェクト「在独日本文化財の調査研究」が行われ、その成果が『在独日本文化財総合目録1』（ビルギト・マヤー、佐々木利和編、二〇〇三年七月、国書刊行会）にハイデルベルク民族博物館の浮世絵版画が、また『同総合目録2』（二〇〇四年五月）に、浮世絵版画・和本が、写真に詳細な解説を付して収録されている。

マルガレータ・パパロイ氏が館長である。

フランクフルト工芸美術館

一八七七年に創設されたこの美術館は、東洋分野のコレクションも多く、約六〇〇〇点を所蔵する。うち中国のものが三分の二以上を占め、次いで日本のものが根付など小さなものも含めると約一八〇〇点ある。

日本関係のコレクションは、一九世紀末のルドルフ・シュプリンガーの寄贈品や二〇世紀初頭のペーター・ヴィルヘルム・メッツラーの遺贈品に含まれていた日本美術工芸品によって基礎が築かれたが、さらに歴代館長の努力で厚みを増していった。

浮世絵、有田焼、奈良絵本などに特色がみられ、浮世絵はガイガー・コレクション六三点とリーゼ・コレクション一八〇点が中核をなしている。歌麿の作品に良いものがある。

庭には二〇〇七年に隈研吾氏が設計した茶室がある。「テナラ」という柔らかくて軽い素材を用い、使用する時だけ空気を入れて膨らませる斬新なデザインである。

コレクションのうち、浮世絵や絵入り版本の挿絵の優品が『在独日本文化財総合目録2』（ビルギト・マヤー、佐々木利和編、二〇〇四年五月、国書刊行会）に、また鍔、印籠、根付などが『同総合目録

3』(二〇〇六年二月)に図版で紹介されており、作品の詳細な解説が付されている。東洋部長のステファン・シューレンブルク博士が日本美術を担当する。

ケルン東洋美術館

一九一三年、ケルンの地にヨーロッパ初の東洋美術館として設立された。まだ多くの人々が、ヨーロッパ以外の地で独自の芸術などあり得ないという確信を抱いていた時代のことで、東洋美術専門館の誕生は画期的であった。

それは東洋の芸術品が、西洋の芸術品と対等に位置付けられたことを意味した。日本美術に深い関心を寄せていたアドルフ・フィッシャーとその夫人フリーダ・フィッシャーの夫妻が、数度にわたり日本を訪れて購入した美術品が核となっている。そのコレクションは、仏教絵画や仏教彫刻に力点が置かれたものであった。フリーダ・フィッシャーの滞日はのべ一〇年余りに及び、戦前、ケルン東洋美術館の第二代館長を務めた。『明治日本美術紀行　ドイツ人女性美術史家の日記』(講談社学術文庫、安藤勉訳、二〇〇二年)の著作がある。

しかし一九四四年に第二次大戦の空襲で焼失、一九七七年にケルン日本文化会館に隣接する地に、前川國男の設計で新築された。建物の真中には日本庭園がしつらえられている。ルードヴィヒ夫妻の寄託品が、現在コレクションの一つの核をなしている。

この美術館には、「仏涅槃図」(明徳三年)、仲安真康「出山釈迦図」(室町中期)、「龍虎図屏風」(六

曲一双、江戸初期）、「祇園祭礼図屏風」（二曲一双、寛永頃）、与謝蕪村「山水図」（安永九年）、長沢蘆雪「孔雀・犬図」（天明七年頃）、横山大観「富士図」（昭和三〇年頃）、「阿弥陀如来座像」（鎌倉後期）、「菩薩立像」（木造、平安中期）、「地蔵菩薩立像」（木造、平安時代）、「瀟湘八景図」（歌川広重、肉筆浮世絵）、鈴木春信「風流江戸八景」（明和四〜五年頃）などの優れた作品がある。

一九九七年には、日本で「ケルン東洋美術館展」が開かれ、東武美術館、福岡市美術館、山形美術館を巡回した。

本美術館に関する公刊物に、『海外所在日本美術品調査報告7　ケルン東洋美術館工芸・彫刻（同報告8　絵画）』（文化財保存修復学会、一九九九年）、『秘蔵日本美術大観8　ケルン東洋美術館』（一九九二年、講談社）などがある。

アデーレ・シュロムス博士が館長を務める。

ランゲン美術館

デュッセルドルフ郊外ノイスの、かつてのNATOのロケット基地跡に、ランゲン夫妻が収集した東洋美術と現代美術の作品を展示する個人美術館がある。この設計を安藤忠雄氏が担当した。二〇〇四年にオープンしたもので、エントランスには桜が植えられており、コンクリートの建物をガラスで包み込んだような外見の設計になっている。安藤氏は東洋美術のための柔らかな光で満たされた「静」の空間と、現代美術のための光の交錯する躍動的な「動」の空間の、二つの性格の異なるスペースを考えたという。安藤氏の設計ということで、日本人の来館者が多い。

ハンブルク美術工芸博物館

ハンブルク中央駅の近くにある、一八七七年に開館した博物館である。初代館長のユストゥス・ブリンクマンは、一八七三年のウィーン万国博覧会で日本の美術に接して深い感銘を受け、そこから日本美術の収集が始まった。そして青銅器、金属工芸品、陶磁器、根付、漆器、籠細工、木版画などの美術工芸品が購入された。

本博物館東アジア・イスラム部門主任のノラ・アヘンバッハ氏によれば、彼がとりわけ敬服したのは、日本の職人の自然を正確に観察する眼とその芸術的表現、熟練した技術であったという。

さらに一八八三年からは、パリで美術商ジークフリート・ビングや林忠正の助言で、青銅細工、陶器、浮世絵版画、根付、籠細工、漆器などの日本の美術工芸品を体系的に収集していった。これらの収集品が、ドイツの芸術家にとって良い刺激となり、発想の源泉、基準ともなればというのが彼の願いであった。

またハンブルク在住の浮世絵コレクター、ゲルハルト・シャックの約二〇〇〇点の浮世絵コレクションが、画稿や版下絵、絵入版本、肉筆画などとともに、遺言によってすべてこの美術館に寄贈されている。この美術館には全部で約一〇〇万点の収蔵品があり、日本美術だけでも約一万点に及ぶ。常設展示しているのはそのうちのごく一部である。

以上のような経緯から、日本関連のコレクションは充実しており、「型染め展」「籠師《かごし》―日本の名匠（竹芸）展」などの企画展が、随時開催されている。

館内には裏千家の寄贈になる茶室「松静庵」があり、月に二回、佐々木スタンゲ峰子氏によるデモンストレーションが行われている。

二〇一〇年秋には、日独交流一五〇年を記念して、五〇〇〇点を超える浮世絵コレクションの中から、ほとんどが初公開となる約二〇〇点が、里帰り展として東京、福岡、京都で展観に供された。この中にはゲルハルト・シャックのコレクションが約九〇点含まれている。

ハンブルク民族学博物館

一八七九年に設立された。ハンブルク港を背景とした活発な商業活動やドイツの植民地経営を通じて、世界中からもたらされた民族資料が大量に収蔵されている。特にアフリカやオセアニアの民族資料が充実している。日本の美術工芸品も数千点あるが、まだ充分調査が尽くされていない。この中には、明治初期にお雇い外国人として来日したドイツ人が、帰国する際に持ち帰ったものと思われる武器や武具類が数多く含まれている。

二〇年余り前からから雛祭りの時期に雛人形を飾っている。そしてこの前後一週間ほどの期間に、水墨画、マンガ、折り紙、将棋、影絵作り、香道、絞り染め、座禅などのワークショップ、また古武道のデモンストレーション、コスプレの発表会、講演会、和太鼓演奏、映画会等さまざまな日本文化の紹介が行われる。

一九九二年以来、ヴルフ・ケプケ博士が館長職にあったが、二〇一七年にバルバラ・プランケンシュタイナー博士が新館長に就任した。

第四章　俳句

『ヨーロッパ俳句選集』（1979 年）

1　初期の俳句紹介

俳句は二〇世紀に入る頃から、駐日外交官やいわゆるお雇い外国人教師たち、すなわちイギリス人のW・G・アストン、同B・H・チェンバレン、フランス人のポール・ルイ・クーシュー、ドイツ人のカール・フローレンツなど、主としてヨーロッパ人の著作によって、海外に紹介された。

俳句のドイツへの紹介も、西洋への紹介の大きな潮流の中で行われたことであり、ドイツだけを切り離してみることはできない。そこでドイツにおける俳句の受容という問題は、西洋全体への俳句紹介の流れの中で見ていくことにしたい。

俳句がヨーロッパに紹介された当初は、必ずしも優れた文芸として紹介されたのではなかった。

イギリスの外交官、W・G・アストンは、俳句について、一七音という短い韻文では、詩の名に値するものを包含することはできない、と言っている（"*A GRAMMAR of THE JAPANRSE WRITTEN LANGUAGE*"（日本文語文典）一八七二年、レイン・クロフォード社）。滞日経験が長くなるにつれ、日本文学に対する理解もある程度深くなり、「（俳諧の中には）ぴったりして完成された句があり、心情や、美しい幻想や繊細で正真正銘の真珠を秘蔵している場合もしばしばある」と述べているが、一方で日本の詩歌は、想像力や、教訓的な詩、哲学的な詩、風刺的な詩、戦争歌が欠落しており、宗教的な詩歌が極めて少ないのは大きな欠陥だとしている（"*A history of Japanese Literature*" 一八九九年、シモン社。邦訳『日本文学史』川村ハツエ、一九八五、七月堂）。この書の中で芭蕉の俳句を七句と、それ以外の俳人の句七句を紹介している。

カール・フローレンツはドイツ文学者で、ライプチヒ大学で博士号を取ったのち一八八八年に来日、東京帝国大学文科大学でいわゆるお雇い外国人教師として勤務し、ドイツ語やドイツ文学を講じた。一方で日本の文学などにも大きな関心を示した。

彼は短歌と俳句について、「短歌はただ詩的格言か、あるいは詩句の片砕に過ずして、その往々妙想美辞を含有せるに拘はらず、ほとんど詩を成さざるものなり」と言い、さらには「短歌及び短句が殆んど日本詩界を壟断せる日本文学の一大災厄なり」「そもそもかくのごとき簡《ママ》短に過ぐる詩形は、詩人をしてその想を顕はすに充分なる余地を与ふるものにあらず、かえってこれをして委縮せしむるや必然なり」（「日本詩歌の精神と欧州詩歌の精神との比較考」『帝国文学』第三号所収、一八九五年）とまで述べている。

日本滞在が長期に及んだ一九〇六年には、"*Gesschichte der japanischen Litteratur*"（C・F・アメラング社、邦訳『日本文学史』、土方定一・篠田太郎訳、一九三六年、楽浪書店）を著しているが、その中でも依然として「短歌は余りにも狭隘《きょうあい》な制限のため、詩歌の唯一の形式となる権利を持つことはできない。日本詩人が短歌を作ったということは、彼らの不幸な欠点であった」としている。この書は平安朝までしか扱っていないが、俳諧などはもっと短いから、彼の文学観からすると、論外ということになるのであろう。

詩は一定の長さがなければ、何も伝えることができない、というのがアストンやフローレンツの考え方であった。それがヨーロッパ文学の伝統的な見方である。だから『万葉集』の中でも、長歌に最も高い評価を下している。滞在が長くなるにつれ、日本や日本の詩歌に対する理解も来日当初よりは深まってくるが、それでもこの時代、西洋絶対優位の立場から、あらゆる価値判断の基準は西洋にあり、東洋の後進国に対し、先進西洋文化を教授するという彼らの確信に揺るぎはない。

2　俳句理解の深化

イギリス人、B・H・チェンバレンは、一八七三年に来日し、日本語や日本文学を研究し、多くの著作をなした。一八八六年には東京帝国大学に招かれ、日本語学と博言学（言語学、文献学の旧称）を講じた。

一八八〇年にロンドン（Trübner &Co Ltd）で上梓した *“The Classical Poetry of the Japanese”*（日本上代の詩歌）の中で、政治、法律、宗教、哲学、文学、芸術、科学など、この国のほとんどすべてが大陸に学んだものである中で、詩歌ばかりは日本人の独創であると述べ、短歌や俳句の独自性に理解を示した。

一九〇二年には *“Basho and the Papanese Poetical Epigram”*（芭蕉と日本の詩的エピグラム）（『日本アジア協会紀要』第三〇号）という論文を書き、俳句や芭蕉をとりあげてかなり詳細に論じている。多くの俳句を引用して俳句の歴史をたどり、殊に芭蕉については詳述しているが、この中で芭蕉の芸術の本質が精神性にあり、特にそれは仏教であり禅であることを繰り返し述べている。そして『奥の細道』の旅の目的は、仏教でいう「悟り」だったとしている。

この論文では、芭蕉の句を中心に本論で四七句、末尾に付録として一五八句を載せ、英訳した上で短評を付している。

西洋人が俳句に対してこれほどの理解を示したことは従来にないことであり、またこれだけ多数の俳句が西洋に紹介されたこと自体画期的なことであった。ただチェンバレンは日本語や日本文化に対して、日本語は西洋語と比較すると、詩歌の用語としては比較にならないほど劣った言語であり、たった一七文字でこれだけの素晴しい成果が発揮できるなら、もっと字数があればどれほど見事なものになっていたかと述べるなど、西洋文化絶対優位の立場は、アストンやフローレンツとほとんど変わるところがなかった。

西洋に俳句が普及する上で、第二次大戦以前に最も大きな役割を果したのは、フランス人、ポール・ルイ・クーシューである。

後に医者となるクーシューは、アルベール・カーン基金によって一九〇三年に来日したのであるが、文学にも関心があり、チェンバレンの論文を読んで、俳句に傾倒した。しかしクーシューにはもはや西洋文化を優位とする姿勢は見られず、日本やアジアの文化は西洋文化と対等の価値を有し、互いに学びあわねばならないとの基本的認識から、日本文化や俳句に対して、敬意と愛情に満ちた解説、論評を行った。

彼は短期間で帰国したが、帰国後フランス語でハイカイをつくり、『川の流れに沿うて』という句集を出版した。これは世界で最初の外国人による句集であった。またフランスの文芸誌『レ・レットル』に“*Les Haikai*”（ハイカイ、一九〇六年）、“*La Civilisation Japonaise*”（日本の文明、一九〇七年）という論文を書き、西洋に俳句を紹介した。これは後に“*Sages et Poetes d'Asie*”（アジアの賢人と詩人、一九一六年、カルマン・レヴィ社）に収録され、刊行された（邦訳『明治日本の詩と戦争』、金子美都子・柴田依子訳、一九九九年、みすず書房）。

クーシューはこの書の中で、和歌を理解するには、中国や日本の古典の素養をもつ必要があるが、俳句は翻訳でも我々を感動させることができると述べている。俳句は、三つの筆さばきからなる単純な絵、カット、素描で、一つの印象であり、目の一撃だとする。そして俳句一五六句を三行詩としてフランス語訳し、簡単な解説を付している。そのうち蕪村の句が六三句でもっとも多く、芭蕉の一四句がそれに次ぐ。芭蕉が俳句というものに魂を吹き込んだ最高の俳人であると評価しつつ、蕪村の句がそれよりはるかに多いのは、蕪村の句が彼の好みに合っていたからであろう。

日本人のもつ人間、動物、植物そして魔物にまで慈悲を施すという生命観、世界観を受け入れた上で、ほとんどの俳人は、戒律にとらわれない僧侶と言ってよく、禅の修行を積んだ芭蕉の旅は、自然に同化し、仏教の理想境への到達をめざしたものだとする。俳句の中に禅や仏教に象徴される精神性を見ようとする傾向は、チェンバレン以上であった。

ドイツではヴィルヘルム・グンデルトが、一九〇六年に宣教師として来日、伝道活動をするうちに日本の文化に深い関心を寄せるようになり、日本研究に打ち込んだ。一九二九年に"*Die Japanische Literatur*"（日本文学）を著し、俳句の本質についても、深い考察を加えている。その中で、墨絵画家が省略された筆の運びで豊かな世界を描き出すように、俳人もわずか一七文字で、一冊の本の内容に匹敵するほどの詩的世界を描き出すことを述べている。能楽や宗教史の研究で学位を得た。禅宗で重んじられる仏典『碧巌録』なども独訳している。

後にハンブルク大学でフローレンツの後任の日本学教授となり、さらに総長に就任した。ドイツにおける日本学の基礎を築いたと言ってよい。ヘルマン・ヘッセとは従兄弟の関係である。ヘッセは『ヘッセの読書術』（岡田朝雄訳、二〇〇四年、草思社）の中で、「（日本で初めて完全な発展を遂げることのできた禅は）一つの民族が獲得した最良の財産の一つ」だとした上で、「私たちは日本の抒情詩を読んだ直後に、どんなドイツの現代抒情詩も読んではなりません。そうでないと、我が国の詩は救いようもないほど大げさで、不自然に響くからです。日本人は一七文字の詩というすばらしい発明をしました」と述べているが、おそらくこれはグンデルトの影響によるものであろう。

鈴木大拙は、禅が日本文化に与えた影響について、英文で“*Zen Buddhism and Influence on Japanese Culture*”（禅仏教とその日本文化への影響、大谷大学東方仏教徒協会、一九三八年）を書き、一九四〇年にはその前篇六章に、「禅と俳句」の一章を加えて『禅と日本文化』（北川桃雄邦訳、岩波書店）を上梓した。それまでにも多くの英文の著作を成していたが、それらをも含め、大拙の著作が西洋に与えた影響は、きわめて大きなものがあった。

大拙は俳句の本質を、禅の精神と結びつけて説いた。すなわち、俳句を理解することは禅宗の「悟り」体験と接触することだとする。そして、それに呼応するかのように、西洋では俳句の優れた入門書が次々に出版されるようになった。

イギリス人、レジナルド・ブライスは、お雇い外国人として来日したのであるが、俳句という文芸に心酔し、俳句研究によって東京大学から博士号を取得している。日本語で俳句を理解し、鑑賞することができたのである。また鈴木大拙を師として仰ぎ、禅の修行にも長年打ち込んだ。

一九四九年から五二年にかけて“*Haiku*”（俳句、四巻、北星堂書店）を刊行、この中で俳句約三〇〇〇句が英訳され、外国人が実作する上で良き手本となった。この本は西欧で広く読まれ、大きな影響を与えることになった。

第一巻で、東洋文化としての俳句について、インド・中国・日本の思想、宗教、芸術などとの関連を述べ、また西洋のキリスト教、詩人、作家、思想家の作品や言辞を縦横に引用し、比較しながら詳述している。そのうちの一編は、俳句と禅との関連に割き、俳句は禅の一形態といってよく、俳句は禅の見地から理解されなければならないと述べている。

第二巻は春、第三巻は夏と秋、第四巻は秋と冬の句を評釈している。

禅に深く親しんだ芭蕉は、すべての日本人の中で最も偉大な人物であり、人間の生き方を教えてくれる数少ない人物であるとして賞賛する一方、蕪村の感覚は極めて敏感であるが、しかしそれは芭蕉のように魂の深奥にまで沈みこんでいかないとする。また子規については、多くの完璧な句に心を打たれるとしながらも、無神論者の子規の句には、なんら生命の深みが感じられないと評している。ブライスの俳句評価の最大の眼目は、精神性の有無にあった。

この著作をはじめとして、多数の英文による著作によって、日本文化や禅を海外に紹介した。

一九五一年にはドイツの作家であり詩人のマンフレード・ハウスマンが、“*Liebe Tod und Vollmondnachte*”（愛、死、満月の夜、一九五一年、フィッシャー社）という日本の詩歌の訳詩集を刊行している。

一九六二年には、オーストリアの女流作家、インマ・ボードマースホーフによって、ドイツ語圏初の創作句集“*Haiku*”（俳句）が刊行された。

また一九六八年にはお雇い外国人の一人として日本でドイツ語を教え、日本文化に親しんだエルヴィン・ヤーンによって、訳句集“*Fallende Blatter*”（落花）が刊行されている。ここには俳句一三七句が載っている。

星野慎一氏は、ヤーンがフランクフルター・アルゲマイネ紙に寄せた俳句論の中で、「真実な俳句がヨーロッパで創作されるのは、難しいことであろう。その第一の理由は、日本の古来からの俳諧詩人のように自然と密着した生き方をしているヨーロッパ詩人は一人もいないからである。第二の理由は、俳句芸術は禅文化の根底から生れ出たものであるが、その禅的なあり方は、ヨーロッパ人には隔絶された世界だからである」と述べていることを紹介している（『俳句の国際性　なぜ俳句は世界的に愛されるようになったのか』、一九九五年、博文館新社）。

戦後生まれのザビーネ・ゾンマーカンプ女史は、俳句が英米の抒情詩に与えた影響を考察した論文で、一九八四年にハンブルク大学より学位を取得した。膨大な文献と、多数の関係者へのインタビューによって、その影響関係を克明に追究したもので、欧米における俳句研究の一つの金字塔と言われている。

ドイツのアカデミズムの世界では、このほかホルスト・ハミッチュ、ヘルベルト・ツァヘルト、ヴォルフラム・ナウマン、ゲザ・ドンブラディ、カール・ハインツ・クルツ、マルグレート・ブアシャーパー等が俳句研究を推進し、俳句がドイツで一般に普及する上でも、大きな力になっている。

3　俳句の普及

一九六七年には、ギムナジウムの教科書に初めて俳句が取り上げられた。芭蕉の句がもっとも多く、一茶や蕪村の句がそれに次ぐ。取り上げられている俳句は、すべて江戸期のもので、それも必ずしもポピュラーなものばかりではない。教科書によっては、句の鑑賞後に、自ら句をつくってみることを課題として与えている。詩的感性の陶冶とともに、文章力の向上に資することが期待されているのである。

一九七〇年代になると、俳句がドイツでも一般に普及する兆しをみせるようになった。

実業家でバイエルン独日協会会長であったギュンター・クリンゲは、ドイツ俳句の実作者としても著名である。朝昼夕と一日に最低三回は俳句をつくったという。一九七〇年代から八〇年代にかけて、多くの句集を日本とドイツで出している。

一九七九年には、『ヨーロッパ俳句選集』（坂西八郎、H・フッスィー、窪田薫、山陰白鳥編著、デーリィマン社）が刊行されている（93ページの写真を参照）。『ヨーロッパ俳句選集』とあるが、内容はドイツ語圏俳句選集である。この書の最大の功績は、ドイツ語圏における俳句の鳥瞰図を示したことだと、星野慎一氏は述べている（前出『俳句の国際性』）。すなわち、第一部ではドイツ語圏における俳句の展開のあとを、ドイツ語俳句的要素の出現の時代からドイツ語俳句の自立の時期まで、六つの段階に分けて、具体的な作品によって述べている。第二部では、俳句を季節ごとに分類して解説しており、一種の「ヨーロッパ俳諧歳時記」になっている。

また同年、ドイツのハイク作者約二〇人が集まり、デュースブルク近郊のボットロプで第一回西ドイツ・ハイク・ビエンナーレを開催し、ドイツの文学にハイクをどのように受け入れることが可能かを話し合った。

一九八八年には、ブアシャーバー女史、ハミッチュ、クルツ、荒木忠男等によってブレーメンの南西約五〇キロのところにあるフェヒタに、ドイツ俳句協会が設立された。フェヒタは、会長ブアシャーバー女史の居住地である。一三か国、約二〇〇人の会員から出発した。年に四回機関誌を発行、俳句選考会や俳句集会を行っている。その理念は、俳句を研究し、日本伝統の詩的特徴をドイツ人の文化・生活空間へ搬入し、独自の詩形としてドイツ語の抒情詩の中に移植・育成することを目指す、としている。

バイエルン独日協会のドイツ語句会は、一九九八年に協会理事、孝子・フォン・ツェルセンによって創設された。その少し前に独日俳句交流がミュンヘンで開かれ、日本から「ホトトギス」の同人であった山田弘子が招かれた。その縁で、ミュンヘン句会は、ホトトギスの流れをくむ俳句を旨としている。

東西ドイツが統一された一九九〇年には、フランクフルトの国際見本市会場とその郊外、バート・ホンブルクで日独俳句大会が開催された。当時のケルン日本文化会館館長の荒木忠男氏の主唱で、日本側から内田園生（国際俳句交流協会）、沢木欣一（俳人協会）、金子兜太（現代俳句協会）、稲畑汀子（日本伝統俳句協会）の各氏をはじめ各協会の会員約二〇人ずつと数名のドイツ俳句研究者が、またドイツ側からドイツ俳句協会会員をはじめ約六〇人の俳句愛好家が参加し、記念すべき大会となった。

ドイツ俳句協会では三か月に一度、"Sommergras"（夏草）という機関誌を出している。句会では互選で良い句を選び、ディスカッションをする。毎年俳句カレンダーをつくっている。

バイエルン独日協会では現在、同協会理事で俳人の村戸裕子氏などが中心となって句会を行っている。村戸氏はミュンヘンとアウクスブルクで句会をもち、日本語とドイツ語で句作をする。有季定型で句作するが、これはドイツでは例外である。ドイツには結社制度がない。各人が自由につくる。従って俳句をつくる人がどれくらいいるのかわからないという。

村戸氏はドイツ句会のメンバーの句の半分を日本に送っている。それに対し、日本では一人一句を選びコメントを付して返してくる。それを村戸氏が独訳して、ドイツ人の会員に示すのである。

フランクフルトには、独日協会の理事、シュレーダー美枝子氏などによる俳句サークルがある。一〇人前後の会員が年に四回句会をもち、その場でテーマを出して句作し、批評し合う。

さて以上、俳句がヨーロッパに紹介されてから今日に至るまでの、ヨーロッパ、またドイツにおける俳句の受容史を大まかにみてきたが、ここで気付かれるのは、チェンバレンやクーシュー以来、ヨーロッパのほとんどの紹介者が、俳句の中には禅や墨絵に象徴される精神的要素がみられることを説いていることである。それらの多くは、鈴木大拙が俳句の本質を禅の精神と結び付けて西洋世界に向かって説く以前のことである。

正岡子規は西洋の絵画理論の影響を受けて「写生」説を唱え、以後の俳句や短歌は、その絶大な影響下に新しい展開をみせることになるが、西洋では子規以後の近現代俳句よりも、それ以前の伝統俳句を重んじる傾向がみられる。それは西洋人が、欧化によりやや変質し、精神的要素をむしろ否定する傾向が強くなった近現代俳句よりも、それ以前の伝統俳句に強く惹かれるものがあるからに違いない。

また俳句に比して短歌（和歌）は、西洋人の関心を惹くことは少なかったが、これは俳句が西洋にはまったくないものであったのに対し、短歌は俳句より字数が多く、恋の歌も多くあるところから、西洋の詩にむしろ近いものを感じて、俳句ほどには注意を惹かなかったのであろう。

俳句は現在、およそ五〇か国、三〇言語、一〇〇万人の人々によって、それぞれの国の言語でつくられている。今や俳句は世界で詩歌としてのジャンルを確立し、世界文学となった。アストンやフローレンツのような見方があったことからすると、隔世の感がある。

ドイツやアメリカでは学校の教科書にも載っている。著名人では、スウェーデン人でノーベル平和賞を受けたハマーショルド元国連事務総長、同じくノーベル文学賞を受賞したトランストロンメル、ドイツ人作家のリルケ、フィリピン人のアキノ元大統領、ベルギー人のファロンパイ前ＥＵ議長なども、俳句をつくっている。

ドイツの俳句も、ひたすら日本のそれを手本とし、模倣していた段階を通り抜け、今や自立して独自の道を歩み始めている。

日本の俳人の目から見ると、優れた句は非常に少ないといわれている。けれどもそれらが日本の俳句から生まれたものであることは、間違いないことである。大体は三行詩として作られることが多いが、ドイツでは五、七、五シラブルの形式がおおむね守られている。また季語がない句も多くつくられるが、外国には四季がない国もあるのであり、それはやむを得ないことであろう。

文化は海外に渡れば、それぞれの国の特殊な条件に多かれ少なかれ制約を受けるのは当然のことである。俳句が我が国とやや違った形で受容され、発展するのはごく自然なことであり、我々は、こうした事実をありのままに受け入れるべきであろう。東西文化の新しい融合の形として、俳句の海外における今後の一層の発展が期待される。

第五章　日本語図書

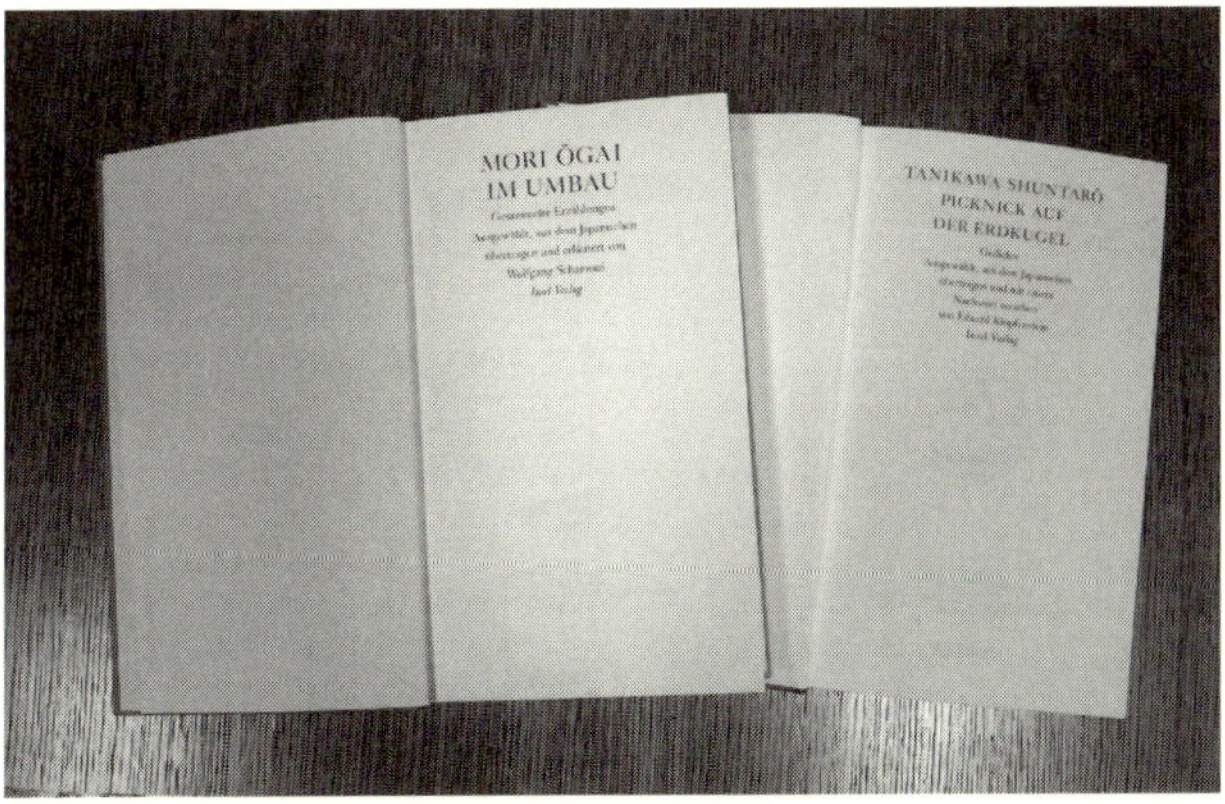

「日本文庫」（イルメラ・日地谷＝キルシュネライト編）

1　翻訳大国ドイツ

一九七九年から二〇一六年までに、ユネスコに加盟している世界約一五〇か国で出版された翻訳刊行物の数を、ユネスコの統計でみると、各国語から翻訳された言語は、一位ドイツ語三〇万一九三五点、二位フランス語二四万〇〇四五点、三位スペイン語二二万八五五九点、四位英語一六万四五〇九点、五位日本語一三万〇六四九点であり、ドイツ語が世界で最も多く、その数は日本語の約二・三倍である。厳密に言えば、この数字はオーストリアやスイスなど、他のドイツ語圏諸国を含むが、各国語から自国で使われている言語に翻訳された数を、国別にみた統計でも、一位ドイツ二六万九七二四点は、二位スペイン二三万二八五三点を引き離しており、各国語からドイツ語に最も多く翻訳されている状況に変わりはない。ドイツが外国語の文献を積極的にドイツ語に翻訳し、受容している状況が窺われる。

各国語に翻訳された本の、元の言語をみると、一位英語一二六万六一一〇点、二位フランス語二二万六一二三点、三位ドイツ語二〇万八二四〇点、四位ロシア語一〇万三六二四点と続き、八位日本語二万九二四六点の順である。さすがに英語が断然多いが、ドイツ語も日本語の約七倍ある。しかし日

各国語に翻訳されたオリジナル言語

英語	1,266,110
フランス語	226,123
ドイツ語	208,240
ロシア語	103,624
イタリア語	69,555
スペイン語	54,588
スウェーデン語	39,984
日本語	29,246
デンマーク語	21,252
ラテン語	19,972
オランダ語	19,667
古代ギリシャ語	18,077
チェコ語	17,161
ポーランド語	14,663
ノルウェー語	14,276
中国語	14,071
アラビア語	12,410
ポルトガル語	11,583
ハンガリー語	11,297
ヘブライ語	10,279

各国語から翻訳された言語

ドイツ語	301,935
フランス語	240,045
スペイン語	228,559
英語	164,509
日本語	130,649
オランダ語	111,270
ロシア語	100,806
ポルトガル語	78,904
ポーランド語	76,706
スウェーデン語	71,209
チェコ語	68,921
デンマーク語	64,864
中国語	63,123
イタリア語	61,087
ハンガリー語	55,214
フィンランド語	48,311
ノルウェー語	35,161
近代ギリシャ語	30,459
韓国語	28,168
ブルガリア語	27,457

本語も一九七九年から二〇〇二年までの同統計では、第一五位九五六一点であったから、近年急速な伸びを示していることが知られる。

外国語から日本語に翻訳されたものは約一三万点、日本語から外国語に翻訳されたものは約三万点であり、現時点では四倍以上のいわば輸入超過である。ただ一〇年前はその差は約一〇倍であったから、こちらも確実にその差が縮まってきている。

ドイツ語はその点、外国語からドイツ語へ翻訳される数が世界でもっとも多い。一方でドイツ語文献もまた世界中で各国語に翻訳されており、前者の方が約四〇%多いものの、日本語の場合ほど極端な差ではない。ただこれらの統計は、すべてのジャンルにわたるものであり、文学作品のみを取り出して比較することはできない。

2　日本文学の翻訳出版

海外における日本文学の翻訳については、国際交流基金のウェブサイト「日本文学翻訳書索引」に、作者別、作品別に整理されて掲載されている。

それによると、作品が多く外国語に翻訳されているのは、川端康成・一一八九点、村上春樹・一〇六一点、芥川龍之介・一〇五六点、三島由紀夫・八六三点、谷崎潤一郎・六二一点、宮沢賢治・四七四点、大江健三郎・四四二点、井上靖・四一五点、太宰治・四一一点、安部公房・三九八点、星新一・三九二点、夏目漱石・三五八点などである。

これらは延べ数で、短編集などは作品の数だけカウントされているし、改版なども別々にカウントされている。また中国語や韓国語に翻訳されたものは含まれていない。国際交流基金によれば、すべての翻訳作品について、現段階で調査が尽されているわけではないので、これらの数字はあくまで参考程度に扱ってほしいということであるが、しかし大方の傾向を窺知することはできよう。日本文学が諸外国語に翻訳され、世界で読まれている様をみることができる。ローカル文学であった日本文学は、今や世界文学となったと言ってよい。

日本文学の作品でドイツ語に翻訳されたものについてみると、芥川龍之介・一二九点、村上春樹・一一三点、川端康成・九四点、井上靖・八九点、三島由紀夫・六九点、大江健三郎・六五点、安部公房・五四点、森鷗外・四八点、星新一・四七点、谷崎潤一郎・四〇点、志賀直哉・三八点、宮沢賢治・三七点、吉本ばなな・三五点、井伏鱒二・三二点など、翻訳点数が多い。

『日本近現代文学独訳目録一八六八―二〇〇八』（ユルゲン・シュタルフ、クリストフ・ペーターマン、マティアス・ヴィティッヒ編、二〇〇九年、ユディツィオン社）には、作家四一二人、一五五三作品、再版も含め一八〇〇点近くの翻訳がリストアップされている。これは一八六八年から一九九四年までに翻訳されたものについてまとめたものが一九九五年に刊行されていて、その後の一四年分が増補されたものである。それによると、独訳された作品数は多い順に（カッコ内は一九九五年版）、芥川龍之介・一〇九点（五五点）、川端康成・八二点（五九点）、村上春樹・六一点（八点）、井上靖・五八点（二六点）、星新一・四八点（四八点）、森鷗外・四二点（二七点）、三島由紀夫・三八点（三二点）、志賀直哉・三一点（三一点）、太宰治・二八点（二五点）、大江健三郎・二五点（一三点）、宮沢賢治・二四点（二三点）などとなっている。それぞれ二〇〇八年まで、一九九四年までの数字であるから、国際交流基金のような最新情報ではないが、三つの時期の数字を比較することで、どのような作家の作品が、近年多く翻訳されているかを知ることができて興味深い。

『目録』の初版では一二〇〇の翻訳が記載されているので、増補版では全体としても約五割ほど増えていることになるが、『翻訳書索引』をも参照すると、近年急速に翻訳数を増やしているのが村上春樹であり、次いで大江健三郎、井上靖、芥川龍之介、三島由紀夫、森鷗外などだということがわかる。

日本文学の作品のドイツ語訳が本格的に行われるようになるのは第二次世界大戦以後のことである。一九六八年の川端康成のノーベル賞受賞は、その傾向を後押しした。また日本がテーマ国となった一九九〇年のフランクフルト国際ブックフェアが行われた年には、その催しが牽引力となり、再版も含めて二三〇〇点のドイツ語への翻訳が生まれた。

現役作家では、村上春樹の人気が群を抜いている。二〇一六年には、翻訳言語が五〇以上になった。村上文学がアジアのみならず、欧米でも受け入れられていることについては、登場人物が西洋人と同じような感性を持ち、同じような生活をしているから、その分西洋人にとっては抵抗がないとか、それだけ日本文学も、世界で通用する感覚を身につけるようになったとか、さまざまな見方が行われているが、いずれにせよ、日本的なものを主張する作家ではない。世界文学に詳しい沼野充義氏は、村上文学の特質を一言でいえば、日本的なものと西洋的なものとの絶妙なブレンドで、そのブレンドの仕方が天才的だと言われている（NHK　Eテレ「世界が読む　村上春樹」、二〇一三年一二月二九日放映）。

芥川龍之介や星新一のように、短編が多いと自ずから翻訳点数も増えるし、またドイツの場合には限らないが、研究者が自らの学問的業績として、自分の研究する作家の作品を鋭意翻訳するということがあり、右の出版点数が読書界の評価や需要を正確に反映しているわけではない。

また作品の評価は、翻訳の出来栄えとも密接な関係があり、当然のことながら名訳だと書籍の売れ行きも良く、評価や人気も高まる。例えばイタリアでは、吉本ばななが非常に人気があるが、それは翻訳が優れているからだと、イタリアで多くの人から聞いた。原作以上だと言う日本学者も数人いた。

ノーベル賞をはじめとする国際的評価も、翻訳の良しあしが大いに影響する。川端康成や大江健三郎がノーベル賞を受賞したのも、原作のみならず、翻訳も良かったからであろう。翻訳者の資質に関しては、二つの国語に堪能であるだけではなく、特に翻訳される元の言語についての文学的素養や日本学の素養も必要となってくる。そのような意味では、日本人とドイツ人が協力して一つの作品を翻訳することがもっと行われてよいであろう。

良質の翻訳者の養成は、さまざまな意味で重要である。

文化庁は、文芸作品の優れた翻訳家を発掘・育成するために二〇一〇年に第一回翻訳コンクールを実施した。第一回は英語とドイツ語が対象で、小説と評論・エッセイの課題作品各三点の中から、一点ずつを選んで翻訳し、審査を受ける。ドイツ語については三三名の応募者があった中で、最優秀賞一名、優秀賞二名が選ばれた。審査員によって、いずれも予想以上の水準にあるとして高い評価を得た。二〇一五年には第二回のコンクールが行われたが、翻訳言語は英語のみであった。優れた翻訳者の発掘・育成という趣旨からすると、その機会はあまりにも少ないと言わなければならない。

ある作家やある作品が好まれることについては、やはりその国の国民性や、国民的嗜好がおのずから反映しているのであろう。

日本語から外国語に翻訳された作品数の中でも、ドイツ語に翻訳された割合が比較的多い井上靖、井伏鱒二、森鷗外、志賀直哉、大江健三郎、安部公房などはドイツ人好みの作家と言えようし、比較的少ない萩原朔太郎、太宰治、谷崎潤一郎、夏目漱石などは、ドイツではあまり人気がないと言えるかもしれない。

井上靖の独訳数（八九点）は英訳数（七三点）より多く、『猟銃』は戯曲化もされ、度々上演されている。

3　ドイツ語に翻訳された日本の古典文学作品

外国語に翻訳された日本の古典文学の作品については、国文学研究資料館の伊藤鉄也氏に、研究書や研究論文なども含む、次のような調査報告がある。

『海外における上代文学』（国文学研究資料館、二〇〇六年）
『海外における平安文学』（国文学研究資料館調査収集事業部、二〇〇五年）
『海外における源氏物語』（国文学研究資料館、二〇〇三年）
『日本古典文学翻訳事典1』〈英語改訂編〉（国文学研究資料館、二〇一四年）
『日本古典文学翻訳事典2』〈平安外語編〉（国文学研究資料館、二〇一六年）

これらは、文部科学省科学研究費補助金による研究成果の報告書として、公刊されたものである。初めの二著は、それぞれ上代文学、平安文学について、翻訳書、翻訳関係の研究書・研究論文一覧を集成している。作品ごとに、また時代順に整理してあるが、諸言語を一括して扱っており、ドイツ語だけを独立させたものではない。共にウェブサイトや映画の一覧も載せている。

『海外における源氏物語』の解題編は、言語別に整理され、ドイツ語訳を四点載せている。初めの三点はハーバート・ハーリチカによるアーサー・ウェーリーの英訳からの重訳で、「桐壺」から「幻」までを読みやすいドイツ語に訳している。最後の一点がオスカー・ベンルによる原文からの完訳である。ベンルは東京大学に学び、後にハンブルク大学教授となるが、ベンル訳は原文にもっとも忠実で、ドイツ語表現も優れているとして、名訳の定評がある。ただし、ドイツでもっともよく読まれてきたのは、ハーリチカ訳の方であった。

『日本古典文学翻訳事典1』は、上代から近世までの日本の古典文学作品で英訳されたものを集成している。『日本古典文学翻訳事典2』は、平安朝の文学作品に限定して、世界各国語に翻訳された書籍情報をまとめたものである。ドイツ語関係では、『竹取物語』、『伊勢物語』、『枕草子』など、二六の翻訳作品が収載されている。

また伊藤氏の調査報告の中には、外国語で執筆された日本文学に関する研究書・研究論文に関して『海外における日本文学研究論文1＋2』（国文学研究資料館、二〇〇六年）がある。これは海外の諸言語で書かれた日本文学に関する研究論文五〇〇〇本以上を、言語別に載録したものである。ドイツ語で書かれた論文は、そのうちの二一二ページ分、二六〇本余りである（1＋2とあるのは、その1が二〇〇五年に出ており、それをもとに増補したものだからである）。

4　日本語図書のドイツ語訳出版

ところで、日本語で書かれた書籍をドイツ語に翻訳する事業は、さまざまなかたちで行われている。国際交流基金に「翻訳出版助成」制度がある。これは、日本理解及び日本研究の促進を目的として、日本語で書かれた図書の外国語翻訳・出版を計画する海外の出版社に対し、翻訳経費（翻訳料）及び出版経費（図書・製本費）の一部を助成するもので、さまざまな言語による人文社会科学・芸術分野の日本関係書の充実・普及を図ることを目指している。このプログラムは、過去四〇年余りにわたり、古典文学、現代文学、歴史、社会学、政治、経済、文化論などさまざまなジャンルの図書の出版を助成してきた。出版した図書の言語は五〇を超え、累計で一五〇〇件以上になる。

ただ毎年数十件の採択で、ドイツ語への翻訳はそのうち一～二件程度である。世界の諸言語を対象とする事業は、国際交流基金ならではのものとはいえるが、ドイツ語への翻訳が年に一～二件程度とはいかにも少なく、国はこうした文化事業への予算をもっと増やすべきであろう。

国際交流基金はまた、二〇一二年から海外の人々に日本の現代社会をよりよく理解してもらうための良書を「翻訳推薦著作リスト」（Worth Sharing —— A Selection of Japanese Books Recommended for Translation）として紹介する試みを開始した。日本の「いま」を描き、日本社会や日本人の等身大の姿を伝える優れた著作を、積極的に発信しようとするものである。選書は尾崎真理子、張競、沼野充義、野崎歓の各氏が担当、推薦書を「日本の青春」、「日本の地方」、「日本の愛」、「日本の生活」の四グループに分け、それぞれ二〇点ずつ選び、作品や作者について英語と日本語でかなり詳しく解説している。そしてこのリストに掲載された図書の出版については、良質の翻訳と適切な出版計画があれば、「翻訳出版助成」プログラムを通じて優先的に支援するとしている。

文学に関しては、文化庁の「現代日本文学の翻訳・普及事業」があった。これは我が国の優れた文学作品を外国語に翻訳して、諸外国で出版することにより、我が国の文化を海外に発信するとともに、我が国の文化水準の一層の向上を図ることを目的に、河合隼雄長官時代の二〇〇二年度から行われていたものである。戦後の小説に比重を置いて選書し、英語、ドイツ語、フランス語、ロシア語に翻訳されている。初年度は四言語で二七作品、そのうちドイツ語訳は、内田百閒『冥途・旅順入城式』、小島信夫『抱擁家族』など三作品であった。その後一〇年間で一二三作品が翻訳され、日本文学出版交流センターから出版された。助成は翻訳料の負担と、二〇〇〇部を買い上げることによる。二〇〇九年度からは競争入札制となり、凸版印刷がこの事業を担当するようになった。ところが二〇一二年に行われた、政府による「事業仕分け（行政刷新会議）」で廃止判定された。もともと年間一億五〇〇〇万円くらいでしかなかったが、それが廃止されたのである。フランスなどは翻訳出版事業に、年間四〇〇〇万ユーロ（一ユーロ一三〇円として換算すると、約五二億円）を投じている。

翻訳された作品は、現在のみならず、将来にわたって日本の文化愛好者を増やしていく基礎になるものである。財政難という状況があるにせよ、文化やソフトパワーに対する国の見識が問われる事態であろう。

サントリー文化財団も海外出版助成を行っている。海外における日本理解の促進を目的に、日本語で書かれた優れた研究業績、または日本について書かれた書籍の外国語への翻訳および外国語での出版に対する助成で、これまでに二二か国語による二九〇件の出版活動に対し、助成が行われている。そのうちドイツ語を対象とするものは八件で、最近ではギセラ・ヤーン『日本の陶芸二十世紀におけるその抬頭——伝統、近代と個人主義の形成一九〇〇—一九四五』に対し助成が行われた。

日本文学出版交流センターは、近年、海外向け日本文学最新情報の提供に力を入れている。

“Books From Japan”というサイトでは、日本の作家一一七七人、文学作品や子供向け作品など一八二〇点、出版社一七七社、その他をかなり詳しく英文で紹介している。

5　「日本文庫」の出版

一九九三年から二〇〇〇年にかけて、ベルリン自由大学のイルメラ・日地谷＝キルシュネライト教授の編纂によって、日本文学のドイツ語訳シリーズ、「日本文庫」三二冊が刊行された。収載する作品や翻訳者の選定は、すべて同教授によって行われた。

『古今和歌集』、『とりかえばや物語』、『方丈記』、『春雨物語』のような古典から、夏目漱石『吾輩は猫である』、島崎藤村『破戒』、永井荷風『濹東綺譚』、大岡昇平『野火』などの近代の作品、森鷗外『普請中』、谷崎潤一郎『武州公秘話』、川端康成『浅草紅団』、三島由紀夫『愛の渇き』、井上靖『ある偽作家の生涯』、井伏鱒二『夜更けと梅の花』、大江健三郎『静かな生活』のような、すでにドイツ語で刊行されている著名な作品を避けて選ばれたもの、宇野千代『或る一人の女の話』、円地文子『女面』、河野多恵子『みいら採り猟奇譚』、石牟礼道子『苦界浄土』、大庭みな子『舞へ舞へ蝸牛』のような女流文学、また古井由吉『聖』、丸谷才一『女ざかり』、島尾敏雄『死の棘』など、ドイツ語圏で初めて紹介された作家の作品、さらに西田幾多郎『善の研究』、谷川俊太郎『地球へのピクニック』、加藤周一『羊の歌』、村上春樹『世界の終りとハードボイルド・ワンダーランド』など、実に多様な作品が編者の見識によって選ばれている。従来ドイツへの紹介が遅れていた女流作家が多く取り上げられているのも、女性であるイルメラ・日地谷＝キルシュネライト教授の編纂に帰されるところが大きいであろう。全巻に詳細な解説が付され、ドイツ人読者の理解を助けている。良質の翻訳を提供することにも、とりわけ意が用いられている。中には何人かに試訳してもらい、三人目の訳がようやく採用されたケースもあったという。

ともあれこうした優れた編者による日本文学の叢書が、ドイツ人の日本文学に対する理解を深める上で、大きな力になるであろうことは、言うまでもない。

この叢書は、日本関係の書籍の出版では定評のあるインゼル社（Insel Verlag）から刊行されている。他にドイツで日本関係の図書を多く出している出版社には、ハラソヴィッツ社（Harrassowitz Verlag）、ユディツイム社（Iudicium Verlag）などがある。

第六章　日本語教育と日本学

国際交流基金ケルン日本文化会館（著者撮影）

1　日本語教育の意義

言葉は、単なるコミュニケーションの道具ではない。文化そのものなのである。

アメリカ陸軍日本語学校で日本語を学び、戦後の日本に世論調査の手法を紹介した社会人類学者で、コロンビア大学教授を務めたハーバート・パッシンは、学校で日本語を学んだ時のことを著書に記しているが、その中に興味深い記述がある（『米陸軍日本語学校――日本との出会い』、一九八一年、ＴＢＳブリタニカ）。

「私はいくつもの言語を話すが、ある言語からある言語へと使う言葉を変換すると、自分の人格も身ぶりも動作もそして頭脳構造の枠組みまでも、それに合わせて姿をかえてゆくのがわかる。少なくとも私にはそう思えるのである」

「日本語を話すたびに、自分はこんなにも礼儀正しい人間になれるものかと、自分で驚いてしまう。こういうことは、英語を話す時は一度も感じたことがない」

「言葉が異なると、別人になった意識を持つのである。人にも異なった反応をするし、同じ事物でもいささか違ったように受け取ることもよくある。視覚が違ってくるのかもしれない。（中略）言葉を切り替えると、心までが位置を変えてしまう。私はよく、そのときしゃべっている言葉の国の人間に間違われるが、さもありなんと思うのである」

言葉というものは、このようなものである。日本語を学ぶということは、日本文化に一歩近づくことを意味するのである。

近年、英語教育の重要性ばかりが声高に叫ばれている。もちろん国際化時代にあって、英語がきわめて重要であることは言うまでもないが、言語が文化そのものであるという観点に立てば、日本語もそれに劣らず重要なのである。それぞれの国語もまた、十分に尊重されなければならない。英語と自国語をともに尊重することは、決して相反することではない。

実際、世界各国とも、自国の文化に自信と誇りを持つ国は、海外における自国語教育の重要性を認識し、自国語の教育機関の設置に熱心に取り組んでおり、世界が英語一色に染まることをよしとする国はない。

ドイツも、ドイツ語教育機関ゲーテ・インスティテュートは、ドイツ語教室を世界九八か国に一五九か所持っている。

またフランスのアリアンス・フランセーズは、世界一三八か国に一〇八五校のフランス語教室を設置している。

中国は中国語教育機関である「孔子学院」を世界中に展開、一四〇の国や地域に、孔子学院を五一二か所、孔子教室を一〇七三か所設置している。日本にも立命館大学をはじめ一七か所に拠点がある。

我が国も近年懸命に増やす努力をしているが、それでも海外に設置した日本語教育機関は国際交流基金によると二八か国、三一か所に過ぎない。

日本人が自国の文化を正しく理解するだけでなく、日本文化を紹介することが、世界の人々の精神的な世界をより豊かにするということからすれば、日本語を世界に普及することも、きわめて重要なのである。

2　日本語教育と日本学の歴史

ヨーロッパ言語に最初に翻訳された日本語文献は、柳亭種彦の『浮世形六枚屏風』であった。一八四七年にA・プフィッツマイヤーにより、ウィーンでドイツ語訳として出版され、後に英語やフランス語に重訳されている。

一八七三年には日本を研究し、ドイツ語圏の国々に日本を紹介することを主な目的として、在日ドイツ人の集まりを母体に"Deutsche Gesellschaft für Natur-und Völkerkunde Ostasiens"（ドイツ東洋文化研究協会、略称OAG）が東京に設立された。日独の相互理解を促進する上で、大きな役割を果たした。

カール・フローレンツや天皇の主治医を務めたエルヴィン・ベルツ、明治政府の法律顧問を務めたヘルマン・ロエスレル、ナウマン象で知られる地質学者エドムント・ナウマンなども、初期の会員である。

ドイツでは、一八七四年から一八八一年まで、お雇い外国人として東京帝国大学でドイツ語を教えていたルドルフ・ランゲが、一八八七年にフンボルト大学東洋語研究室（Seminar hur Orientalische sprachen）（略称ＳＯＳ）で日本語教育を開始した。カール・フローレンツをはじめ、多くの人材を輩出している。

一九一四年には、ハンブルク大学の前身、ハンブルク植民地研究所に、ドイツ、ドイツ語圏で最初の日本学講座が設けられた。初代の教授は、やはりお雇い外国人として二五年間東京大学でドイツ文学やドイツ哲学を教えていたカール・フローレンツであった。彼は日本文学、歴史、宗教など各分野で大きな業績を残し、ドイツにおける日本学を確立した人物として知られている。

当時ドイツで重んじられていたのは文献学であった。文学を翻訳し解釈すると、その文化がすべて理解できると考えられていたのである。ドイツにおける日本学は、そうしたところから出発している。

一九二六年には、製薬王と言われた星一の援助で、ベルリンに日本研究所（Japaninstitut）が設立された。現代日本の研究を目指したものであったが、ナチスが政権をとると、その宣伝機関に変えられてしまった。

また一九三一年から一九四五年まで、ライプチヒ大学でも日本学が行われており、戦前のドイツにおける数少ない日本学の講座であった。

第二次世界大戦でドイツにおける日本研究は中断するが、戦後多くの新設大学や既存の大学で日本学や日本語講座が新たに設けられたり、復活したりした。すなわちフンボルト大学（一九四七年再開）、ベルリン自由大学（一九五四年）、ミュンヘン大学（一九五六年）、フランクフルト大学（一九六〇年）、ボーフム大学（一九六四年）、テュービンゲン大学（一九七五年）、マールブルク大学（一九七五年）、ケルン大学（一九七八年）、ボン大学（一九八一年）、エルランゲン大学（一九八一年）、ゲッティンゲン大学（一九八三年）、ハイデルベルク大学（一九八五年）、トリア大学（一九八六年）、デュッセルドルフ大学（一九八七年）、デュースブルク大学（一九八七年）、ハレ大学（一九九二年）、ライプチヒ大学（一九九六年再開）、エアフルト大学（一九九九年）などの諸大学である。一九七〇年代から八〇年代、特に八〇年代に入って日本学を新たに開設する大学が急増する様相をみることができる。

ちょうどこの年代は、ヨーロッパ全体の日本学研究者の組織が整備されてくる時期と重なる。一九七三年には、国境を越えた国際的な学術交流を図ろうと、日本研究分野のヨーロッパ研究者のグループによって、「ヨーロッパ日本研究協会」（European Association for Japanese Studies）（略称ＥＡＪＳ）が設立された。一九七六年以来、学会が三年ごとにヨーロッパ各地で開かれ、近年は三六か国、一三〇〇人以上の会員を擁している。会員の約四分の一は、ドイツ人の研究者である。

さらに一九九〇年には、日本というテーマに学術的に取り組むための組織として、ドイツ語を母語とする日本研究者によって、「ドイツ語圏日本研究学会」（Gesellschaft fur Japanforschung）（略称ＧＪＦ）が設立された。日本研究の奨励のため、学術的行事、日本研究のネットワーキング、日本研究の意義や成果の社会・メディアへの浸透、広報活動などを行っている。

アメリカの場合、日本研究はさまざまな学問分野の中で行われているが、ドイツにおける日本研究は、文学も歴史も宗教も、あるいは政治や経済も、すべて日本学科の枠の中に統合され、その中でしか行われていないという特徴がある。その結果、近隣の研究とのつながりが失われ、孤立した様相を深めていることが、いま問題となっている。

ドイツでは日本学はもともと文学、それも文献中心の学問として行われてきた。しかし日本が戦後急速な復興を遂げ、アメリカに次ぐ世界第二の経済力をつけてくるにつれ、ドイツ政府からその理由や背景の説明を求められるようになった。そうした事情もあり、日本学は文学・歴史・思想研究よりも経済・政治研究の方向へ、また古典よりも現代という、より現実的な方向を志向するように変わってきている。

そうした流れの中で、一九八八年には、ドイツ政府により東京に「ドイツ日本研究所」（Deutsches Institut für Japanstudien）（略称ＤＩＪ）が設立された。現代日本の社会、経済、政治、文化を対象とする研究活動を行うことを目的として設けられたもので、現代日本の総合的な研究を通じて、日独両国の相互理解に貢献することを目標としている。初代の所長にはヨーゼフ・クライナー氏が就任した。現在は経済学者のフランツ・ヴァルデンベルガー氏が所長を務める。所長以下、約一〇人の日本学専門スタッフを擁する組織である。

同年、ドイツでは従来の文献学的な、歴史志向の伝統的研究スタイルではなく、社会科学的アプローチから日本を研究しようとする研究者が、「現代日本社会科学学会」（Vereinigung für sozialwissenschaftliche Japanforschung）（略称ＶＳＪＦ）を結成した。

もちろん伝統的な研究スタイルは、一方では根強く守られているが、こうした古典よりは現代を、文学・歴史よりは政治・経済・社会をという流れは、アメリカで起こっている日本研究の状況とも軌を一にする。現代の日本社会を研究の対象とする研究者は、一時代前よりは確実に増えてきている。社会科学を専門とする研究者の割合は、現在は日本研究者全体の約三分の一程度であろう。

日本学の専門家は、ドイツには限らないが、それぞれの国にあって日本に対する的確な判断を下す中核となる存在であるから、きわめて重要な存在なのである。

また一般の理解についても、トリア大学で日本語や日本の古典を教えている香月・ペステマー典子専任講師は「日本人には大きなドイツ理解がある。しかしドイツ人の日本に対する理解は限られている。公立学校では、日本のことは教えられていない。歴史はヨーロッパのことしか学ばない。したがって日本を学ぶ機会を増やしていく必要がある」と語っている。ドイツにおける日本理解の向上に資する意味でも、国際交流基金などを通じて、日本学や日本語教育に対する資金的援助の拡大を真剣に考えるべきであろう。

3　ドイツの大学と日本学

ドイツの大学の制度は、近年大きく変更された。従来ドイツの大学は、大学の学部と大学院が分かれておらず、すべて大学院修士までは修学する必要があった。しかし一九九九年にヨーロッパの二九か国の教育大臣が署名して出されたボローニア宣言で、ヨーロッパの高等教育制度を統一することが決められた。すなわち二〇一〇年までに、修学プロセスを学士課程（Bachelor）と修士課程（Master）の二段階にして、ヨーロッパ全体が同じ基準でこれらの学位を出すことになったのである。

学士課程はふつう三年だが四年とする大学もある。三年間では日本語を習得した上で、日本学を学ぶのは苦しいからである。

大学はドイツ全体で約三八〇校あり、約二〇〇万人の学生が学んでいる。留学生は約二四万人で、学生全体の一〇％を超える。

またドイツでは財政上の理由で、近年近隣の大学同士を統合する動きがあり、ゲッティンゲン大学、マーブルク大学、エアランゲン＝ニュルンベルク大学、ヴュルツブルク大学等で日本研究が廃止されている。

ドイツでは大学教授になるためには、原則として博士号を取得した後で、博士論文以上の論文を書き、「ハビリタツィオン（Habilitation）」と呼ばれる大学教授資格を得なければならない。

ドイツでは日本より女性研究者の割合が高い。二〇一六年版『男女共同参画白書』によると、日本における女性研究者の割合は一四・七%であるのに対しドイツは二八・〇%である。もっとも、イギリス三八・一%、イタリア三五・七%、アメリカ三四・三%などには及ばず、フランス二五・五%とほぼ同レベルである。

ところで国際交流基金による二〇一五年度日本語教育機関調査結果によると、ドイツで日本語を学んでいる学習者の数は、初等教育機関一五二人、ギムナジウムなど中等教育機関一八九六人、大学など高等教育機関六六九〇人、フォルクスホッホシューレ（ＶＨＳ）など学校教育以外で学ぶ者四五一八人、計一万三二五六人である。

この数は、アメリカにおける同時期の学習者、約一七万一〇〇〇人の一〇分の一以下であり、フランスの二万八七五人やイギリスの二万九三人よりも少ない。二〇一二年の前回調査時より約八%減少している。

大学で日本語を学び、日本学を専攻しようとする学生を、日本語の教師数によって制限する大学が多く、日本語の教師をいかに確保できるかが、日本学専攻生を増やす一つの大きなカギになっている。日本語教員が少ないために、日本語、日本学を志した学生を入り口で締め出す結果となるのは、いかにも残念である。

ドイツの大学における日本語学習者数は、統計のある国際交流基金の二〇一二年度調査で見ると、フランクフルト大学（五五〇人）、ハイデルベルク大学（四八〇人）、デュッセルドルフ大学（四五〇人）、ボン大学（三二五人）、ベルリン自由大学（三〇〇人）、ハンブルク大学（三〇〇人）、ルール大学ボーフム（三〇〇人）、ハレ大学（二七三人）、ミュンヘン大学（二六二人）、ケルン大学（一九七人）、テュービンゲン大学（一八六人）、トリア大学（一五五人）、ライプチヒ大学（一四五人）などであり、大学ではないが、VHSで多いのはデュッセルドルフVHS（九〇〇人）、ハンブルクVHS（四一〇人）、ミュンヘンVHS（三二〇人）、シュトットガルトVHS（二五〇人）、マンハイムVHS（二四九人）などである。

また日本語教師も、例えばドイツの学問を学ぶために留学し、ドイツ人と結婚した者が、現地で日本語教師として採用されるといったケースもしばしばある。ドイツで就労するのに、ドイツ人の配偶者がいる場合には、労働ビザの取得が容易だからであり、また外国で日本人が知的職業につこうとする場合に、日本語や日本に関連したことを教えることが比較的容易だからでもある。

ただそうした場合、もともと日本語教師としての訓練を受けていないことが多い。日本人なら誰でも日本語が教えられるというレベルでは、あまりにも教育効果が低い。学生にできるだけ短い期間で日本語を教え込むためには、高度な専門的知識と訓練を要する。日本語教育も高度な専門職なのであり、教員の再研修の機会を増やすことが重要である。

そうした要請から、近年は国際交流基金ケルン日本文化会館が主催あるいは支援する、各種の研修が行われるようになった（123ページの写真を参照）。また二〇一一年にケルン大学に、二〇一四年にはルール大学ボーフム大学に日本語教員養成課程が設置されたことは朗報で、今後は日本語教師資格を持つ教員が増えることが期待される。

またドイツでは州にもよるが、日本語教師は多くの場合、二年までしか契約ができず、それを越える場合は他州へ転出しなければならない、ということがある。客観的理由がなく二年を越えて直接契約すると、終身雇用の義務化につながる可能性が高くなるからだという。しかしこうしたやり方だとベテランが育ちにくいという問題があり、日本語教師が腰を据えて仕事に取り組む上からも検討を要する課題であろう。

ドイツには日本語教師が四五七人いる。そのドイツも含め、ヨーロッパにおける日本語教師の約七五％は、日本語を母語とする者である。日本におけるドイツ語教育、外国語教育はほとんど日本人の手で行われているが、ドイツあるいはヨーロッパにおける日本語教育は、圧倒的にネイティヴ、日本人の手で行われている。これはアメリカなどでも同様である。

またドイツの場合、フォルクスホッホシューレ（ＶＨＳ）などで学ぶ者が、大学など高等教育機関で学ぶ者の約三分の二いることも注意されよう。

一九八二年には、中等教育機関であるギムナジウムでも日本語教育が行われるようになった。二〇一四年現在、六三校で日本語教育が行われている。

一九九九年には、連邦レベルで大学入試資格試験（アビトゥア）の試験科目として、日本語が認められた。

またベルリン、シュトゥットガルト、デュッセルドルフ、ハンブルクの各都市で日本語能力試験が行われている。受験者は一〇〇〇人を超える。学習の動機は、日本語そのものへの興味がもっとも高く九四・八％、次いで歴史・文学等への関心八〇・三％、マンガ、アニメ・Ｊポップなどに対する関心七六・七％、日本への観光旅行六四・二％、日本との親善・交流五六％等が続いている。

現在、ドイツの高等教育機関では、『初級日本語　げんき』（坂野永理・池田庸子・大野裕・品川恭子・渡嘉敷恭子編、二〇一一年）、『みんなの日本語』（スリーエーネットワーク編著、一九九八年）、“*Grundstudium Japanisch*”（Noriko Katsuki-Pestemer 編、二〇〇六年）、“*Japanisch im Sauseschritt*”（副題『コミュニケーションのための日本語』日本語教育協会編、二〇〇六年）などが教科書としてよく使われている。

第七章　大学における日本学

フンボルト大学森鷗外記念館（著者撮影）

さて、ドイツの大学では日本学や日本語教育がどのように行われているであろうか。以下、それらが盛んに行われている大学を、大学ごとに具体的にみていきたい。

フンボルト大学

一八一〇年にプロイセン国王、フリードリヒ・ヴィルヘルム三世の治世下、ヴィルヘルム・フンボルトらによりフリードリヒ・ヴィルヘルム大学として創設されたベルリン最古の大学である。哲学者フィヒテやヘーゲルが学長を、細菌学者コッホや物理学のアインシュタインらが教授を務めた。森鷗外、北里柴三郎、寺田寅彦、宮沢俊義なども留学している。第二次大戦後、フンボルト大学と改称した。一八八七年に東洋言語学科が設立され、ドイツで最初の日本語教育が開始された。現在日本語の履修者は日本語専攻生が約六〇名、それ以外で履修している学生が約二五名いる。

クラウス・クラハト教授はルール大学ボーフムで博士号を取得し、テュービンゲン大学教授などを経て、フンボルト大学教授に就任した。同大学日本学科の付属施設である森鷗外記念館の館長も長年兼ねていた。儒学などの日本思想史を専門とする。著書に『鷗外の降誕祭《クリスマス》――森家をめぐる年代記』（克美・タテノ＝クラハト氏との共著、二〇一二年、ＮＴＴ出版）等がある。二〇一三年に退官したが、後任がいない。

フンボルト大学森鷗外記念館

森鷗外は一八八四年から一八八八年にかけて、すなわち二二歳から二六歳にかけてドイツに留学した。ライプチヒ、ドレスデン、ミュンヘン、ベルリンで学んだ。ベルリンには一八八七年四月から一八八八年七月にかけて滞在した。ベルリンでは何回か下宿を変えているが、最初の二か月間滞在した、フリードリヒ・シュトラーセ駅の近くにある建物の二階の数室が、現在森鷗外記念館として公開されている。建物の外壁に「鷗外」と書かれた文字が、目印となっている（137ページの写真を参照）。鷗外のベルリン到着一〇〇年目を記念して、一九八四年にフンボルト大学と日本の関係者の協力でオープンしたもので、今はフンボルト大学アジア・アフリカ学科東アジア部門日本科の付属施設として、日本文化や思想の翻訳と研究を行い、それらを紹介することを目的に運営されている。多数の日本の書物を独訳して出版し、世界の大学などに送付している。ここには日本語やヨーロッパ言語で発表された鷗外研究論文や翻訳された鷗外作品等一三〇〇件以上の文献・資料が所蔵されている。

年間約三〇〇〇人の見学者があり、かつて皇太子殿下や中曽根首相（当時）も訪問された。現在、ハラルト・サロモン博士が学術館長で、ベアーテ・ヴォンデ氏が学芸員として実務を担当している。

ベルリン自由大学

一九四八年の創立で、学生数は約三万五〇〇〇人。日本学を学ぶ学生は約三五〇人、その約三分の一は文学・文化を、約三分の二は政治・経済・社会を専攻する。一九五八年に初めて日本学科の教授枠が設けられた。

イルメラ・日地谷＝キルシュネライト教授は、早稲田大学、東京大学に留学後、ボーフム大学で博士号と教授資格を取得した。文学、文化学を専門とするが、社会科学分野の日本研究も担当する。ドイツ日本研究所の二代目所長やヨーロッパ日本研究協会（EAJS）会長などを歴任した。「日本文庫」（インゼル社刊）を企画、出版する。これはキルシュネライト教授が選んだ三二冊の日本の文学作品をドイツ語で出版する事業で、一九九三年から始まり、二〇〇〇年に完結した。ライプニッツ賞、ドイツ連邦功労十字章、また日本研究の発展および日本・ドイツ間の相互理解の促進に寄与したことで、日本政府より旭日中綬章が授与された。

ヴェレナ・ブレヒンガー＝タルコット教授は、ミュンヘン大学で博士号を取得した。政治学、経済学が専門である。ミュンヘン大学、東京大学、ハーバード大学などで教鞭をとった後、二〇〇四年にベルリン自由大学教授に就任した。ドイツ日本研究所で、キルシュネライト教授の所長時代に副所長を務めた。

ライプチヒ大学

一四〇九年の創立で、ドイツではハイデルベルク大学に次ぐ古い歴史を持っている。かつてライプニッツなども教鞭をとり、ゲーテ、シラー、シューマン、ワーグナー、メルケル現首相や、森鷗外、池田菊苗、朝永振一郎などもここで学んだ。東ドイツ時代はカール・マルクス大学と呼ばれていた。

一九三一年に日本語講座が設置されたが中断し、一九九六年に新発足した。

シュティフィー・リヒター教授は、東アジア研究所日本学科の主任で、近代・現代の日本思想史、消費文化と近代のアイデンティティ、東アジアにおける歴史修正主義などを研究対象としている。著書に“*Ent-Zweiung. Wissenschaftliches Denken in Japan zwischen Tradition und Moderne*”（分裂―日本における伝統と近代の間の学術的考察、一九九四年、アカデミア社）などがある。東日本大震災以後には、福島や原発事故などの問題にも積極的に発言する。

小林敏明教授は岐阜県の生まれで、名古屋大学哲学科の出身。ベルリン自由大学で博士号、ライプチヒ大学で教授資格を取得し、東京外国語大学助教授を経て、二〇〇六年よりライプチヒ大学員外教授（大学が認めた教授）に就任した。近代文学、近代日本思想史を専門とする。著書に『西田幾多郎の憂鬱』（二〇〇三年、岩波書店）、『夏目漱石と西田幾多郎――共鳴する明治の精神』（二〇一七年、岩波書店）などがある。夫人はドイツ人の翻訳家で、大江健三郎の作品も独訳している。

大学は学生を制限しており、日本語履修生は五〇〜六〇人。毎年数人がマスターコースへ進む。バチェラー（学部）は三年だが、実際には四年かける学生が多い。二年生の約三分の二は、一年間日本へ留学する。

ハレ大学（マルティン・ルター大学ハレ・ヴィッテンベルク）

一五〇二年創立のヴィッテンベルクのロイコレア大学と一六九四年創立のハレのフリデリシア大学

が合併して、一八一七年に設立された大学で、約一万八〇〇〇人の学生がいる。日本学科は、一九九二年の創設である。新渡戸稲造は、この大学で博士号を取得している。

ハレ大学と慶應義塾大学は、二〇〇八年に協定を結び、所定の単位を満たせば、それぞれの学生が両方の大学から修士の学位が得られるダブルディグリー・プログラムを開始した。

フォリヤンティ・ヨスト教授は、ベルリン自由大学で博士号を取得し、一九九二年より現職。二〇一〇年より四年間、副学長を務めた。日本の政治、教育、市民社会、環境保護などを研究する。社会科学分野を中心とした日本研究の発展と、日本・ドイツ間の大学間協力の推進及び相互理解の促進に寄与したことで、二〇一三年に日本政府より旭日中綬章を授与された。著書に“*Ökologie und Ökonomie in Japan.Politik zwischen Wachstum und Umweltschutz*”（日本における経済とエコロジー――成長と環境保護の狭間にある政策、一九九五年）などがある。

クリスティアン・オーバーレンダー教授は、ボン大学で文学博士号と医師免許を取得した。二〇〇二年より現職。社会保障、福祉、科学史、科学政策などを研究している。

ミュンヘン大学（**ルートヴィヒ・マクシミリアン大学ミュンヘン**）

一四七二年創立のバイエルン州立大学で、学生約四万五〇〇〇人を擁する。日本学は一九五六年に開始された。現在日本センターに五人の教授がおり、これはドイツの大学の日本学としては最大規模である。日本学を学ぶ学生は約六〇〇人、日本関連図書は約三万冊、うち日本語の図書は約一万五〇〇〇冊ある。古い日本と新しい日本を研究している。

ピーター・ペルトナー教授は西田哲学、西行、日本の哲学史などを研究し、詩人でもある。作家の多和田葉子はハンブルク大学時代の教え子だという。国際交流基金の依頼で、日本文学でドイツ語訳されたものを三年分集めて、この中から賞を出している。学生の教育用なのであろう、研究室には『広辞苑』第四版が一三冊ほど並んでいた。

エヴェリン・シュルツ教授は、文学と都市空間、近代文学と都市論、露地、永井荷風などを研究テーマにしている。著書に"*Stadt-Diskurse in den 'Aufzeichnungen über das Prosperieren von Tōkyō'*"（『東京繁盛記』における都市論、二〇〇四年、ユデッィオン社）などがある。

フランツ・ヴァルデンベルガー教授は、日本経済、コーポレイト・ガバナンス、経営学などを専門とする。ケルン大学で博士号と教授資格を取得した。一九九七年よりミュンヘン大学教授に就任。東京大学、筑波大学、一橋大学などで客員教授を歴任し、二〇一四年一〇月からはドイツ日本研究所長を務めている。著書に"*Organisation und Evolution arbeitsteiliger Systeme-Erfahrungen aus der japanischen Wirtschaftsentwicklung*"（日本経済の推移にみる分業システムの組織と展開、一九九九年、ユディッィオン社）などがある。

クラウス・ボルマー教授は、一九五九年に生まれ、日本の文化、社会史、仏教などを研究テーマとしている。ハンブルク大学で博士号を取得し、一九九八年より現職。二〇〇〇年より〇六年まで、現代日本社会科学学会の会長を務めた。

テュービンゲン大学（エーバーハルト・カールス大学テュービンゲン）

シュトットガルトは、バーデン＝ヴュルテンベルク州の州都で、人口約五九万人、在留邦人は約一一五〇人いる。中央駅から広いケーニヒ通りがまっすぐに延びている。

そのシュトットガルトから南西約三〇キロのところにテュービンゲンがある。人口約八万人。人口の約四割が学校関係者という大学町で、ネッカー川に沿った美しい町である。

テュービンゲン大学は一四七七年にエーバーハルト伯爵によって創設された、ドイツでもっとも古い大学の一つである。かつて天文学のヨハネス・ケプラー、詩人のヘルダーリン、メーリケ、哲学者のヘーゲル等が学んだ。学生数約二万二〇〇〇人、そのうちの約一四％が外国人である。

一九四三年から日本事情に関する講義が行われていたが、一九五二年から日本語、日本文学等の日本学の基礎科目が開講され、一九七五年には東アジア文献学科の中に日本学の講座が開設された。ローランド・シュナイダー教授が初代の日本学教授で、次いでクラウス・クラハト教授の時代、一九八五年に日本学は文化学部に属する独立した学科になった。二〇〇八年にはアジア地域文化研究所が設立され、日本学科はこれに所属する独立した一学科となっている。現在文化宗教研究、言語研究、現代日本研究の三分野を領域とする四人の教授がいる。

一九九三年には、ヨーロッパ唯一の日本における大学の出先機関として、京都の同志社大学に「テュービンゲン大学同志社センター」を設立した。現在は「テュービンゲン大学同志社日本研究センター」と改称されている。テュービンゲン大学の学生にとって、京都滞在は学士課程に組み込まれた留学で、留学期間中、日本人家庭でホームステイすることと併せ、日本の言語や文化を直接学ぶことができる貴重な機会となっている。地元の小学校、会社、伝統的な酒蔵、裏千家今日庵を訪問することなども、日本の社会や文化を深く知る上で好適なプログラムであり、学生に好評である。

テュービンゲン大学の日本学専攻学生は、主専攻と副専攻を合わせて二五〇～三〇〇人、日本語教員の数が限られているから、入学者を制限している。同志社大学へは一学年の学生九〇人のうち、三〇～三五人を一年間留学させている。

ヴィクトリア・エシュバッハ＝サボー教授はハンガリーに生まれ、ボーフム大学で博士号を、トリア大学で教授資格を取得した。一九九一年に現職。専門は日本語学、言語政策、異文化間コミュニケーションなど。かつて東京大学の客員教授なども務めた。二〇〇五～〇八年に、ヨーロッパ日本研究協会（ＥＡＪＳ）の会長を務め、現在テュービンゲン大学同志社日本研究センターの所長を兼務する。著書に“*Temporalität im Japanischen*”（日本語の時制、一九八六年、ハラソヴィッツ社）などがある。

クラウス・アントーニ教授は一九五三年にテュービンゲンに生まれた。フライブルク大学で博士号を、ミュンヘン大学で教授資格を取得した。ハンブルク大学やトリア大学の教授を経て、一九九八年に現職。専門は日本精神史、宗教史、地域研究などで、とりわけ神道とイデオロギーの関係の探求に力を注いでいる。著書に“*Kojiki-Aufzeichnung alter Begebenheiten*”（古事記の記録にみる古代の出来事、二〇一二年、インゼル・ズールカンプ社）などがある。

ロベルト・ホレス教授は、早稲田大学、慶應義塾大学などに留学後、ボン大学で博士号を取得した。

近現代の政治と経済が専門で、生命倫理分野の政策や技術に関係している分野がどのように管理されているか、といった問題に関心をもっている。著書に“*Raumfahrtmanagement in Japan : Spitzen-technologie zwischen Macht und Politik*”（日本における宇宙開発――権力と政治と最先端技術、一九九六年、ユディツィオン社）などがある。

モニカ・シュリンプ教授は、ボン大学で博士号を取得した。日本宗教研究を専門とする。ドイツ日本研究所、バイロイト大学などを経て、二〇一四年に現職。著書に“*Zur Begegnung des japanischen Buddhismus mit dem Christentum in der Meiji-Zeit*”（明治期における仏教とキリスト教の邂逅、二〇〇〇年、ハラソヴィッツ社）などがある。

ハイデルベルク大学（**ルプレヒト・カール大学ハイデルベルク**）

ハイデルベルクは、フランクフルトから南へ八〇キロほど行ったところにある、人口一五万人余りの町である。ハイデルベルク城やハイデルベルク大学で名高い。学生牢も今に残っている。ハイデルベルク大学は、一三八六年にプファルツ選帝侯ルプレヒト一世によって創設された、ドイツ最古の大学である。学生数二万五〇〇〇人、うち二〇％が外国人留学生で、留学生の率はドイツでもっとも高い。

日本学科は、一九八五年にヴォルフガング・シャモニ名誉教授によって創設された。日本語図書は、美術関係を別にして約三万冊ある。日本学科の学生は毎年約一〇〇人が入学、全体では約四〇〇人いる。この数は、中国学専攻生よりも多い。

ハイデルベルク大学通訳翻訳研究所は、二〇〇九年に世界初となる日独会議通訳修士課程を開設した。定員二〇名。国際交流基金の援助でできた。世界でもトップクラスの会議通訳者の養成を目指している。

ハイデルベルク大学は、二〇一五年に京都大学との間で、学生の相互交流、国境を越えた学際的研究などを行うため、京大構内に京都オフィスを開設した。

ヴォルフガング・シャモニ名誉教授は、一九四一年に生まれ、ボン大学で博士号を、ミュンヘン大学で教授資格を取得した。日本の近世・近代文学、思想史を研究している。一九六六～六八年に早稲田大学に留学、暉峻康隆教授や神保五弥教授の下で近世文学を学んだ。丸山眞男の『日本の思想』を一六年かけて独訳した。二〇〇四年に日本政府より旭日中綬章を受章した。近年は「自伝」の研究に取り組んでいる。

メラニー・トレーデ教授は、ハイデルベルク大学で博士号を取得し、二〇〇四年より現職。ドイツではきわめて少ない日本美術の専門家で、ドイツの日本美術史学をリードする。絵入り物語、ビジュアル分野におけるジェンダー問題、政治的図像学などを研究対象としている。門下生はドイツ各地の美術館の日本美術部門で、キュレーターとして活躍している。

ハラルド・フース教授は近代の日本史、社会経済史を専門とする。ハーバード大学で博士号を取得し、上智大学、英国シェフィールド大学などを経て現職。二〇〇八年～一一年にヨーロッパ日本研究協会（ＥＡＪＳ）の会長を務めた。著書に“*Divorce in Japan: Gender, Family and the State*”（日本の離婚――ジェンダー、ファミリー、国家、二〇〇四年、スタンフォード大学出版）などがある。

ユディット・アロカイ教授は、ハンブルク大学で博士号、ベルリン自由大学で教授資格を取得し、二〇〇七年より現職。日本文学史、歌論・歌学史、自伝文学、女流文学などを専門とする。著書に“*Die Erneuerung der poetischen Sprache: Poetologische und sprachtheoretische Diskurse der späten Edo-Zeit*”（Insula laponia, 24）（詩歌の再生――江戸時代後期における詩論的言語理論的言説、二〇一〇年、ユディツィオン社）などがある。

フランクフルト大学（ヨハン・ウォルフガング・ゲーテ大学フランクフルト・アム・マイン）

市民からの寄付で一九一四年に設立された大学で、学生数約四万六〇〇〇人、うち留学生は七〇〇〇人余りで、一二五か国から集まっている。日本学は一九六〇年に開始された。日本学を学ぶ学生は約六〇〇人いる。スタッフの数に比べて多いが、制限できないという。日本関係図書は、経済や法律関係の書物は別にして、約四万五〇〇〇冊、これに日本学が閉鎖になり統合されたマールブルク大学の本が加わるが、それらは未整理である。

エッケハルト・マイ名誉教授はマールブルク大学で博士号を取得し、外国人研究者としては初めて、写本や版本から研究した。そのためか、この大学には版本資料もある。ドイツでは写本や版本など一次資料を使った研究が、従来より充実してきている。長年ドイツにおける俳諧、日本文学を通じた日本研究の発展及び対日理解促進に寄与したことで、二〇一二年に日本政府より旭日中綬章を授与された。

マイケル・キンスキー教授は、テュービンゲン大学で博士号を取得した。またフンボルト大学でクラウス・クラハト教授に師事、江戸時代の食礼の研究により教授資格を取得した。研究テーマは現代日本のアイデンティティ探求と日本の現代文学である。著書に *"Riten" beginnen bei "Essen und Trinken". Entwicklung und Bedeutung von Etikettevorschriften im Japan der Edo-Zeit.*（礼は飲食に始まる――江戸時代の日本における礼儀規範の発展と意味合い、二〇一三年、ハラソヴィッ社）などがある。

リセット・ゲップハルト教授は、トリア大学で博士号、教授資格を取得した。日本学科の主任で、日本近現代文学、現代日本文化を研究対象とする。日本人には見せたい日本というものがあるのだろうが、実態はかなり違うのではないかと鋭い問いかけもする。著書 *"Nach Einbruch der Dunkelheit". Zeitgenössische japanische Literatur im Zeichen des Prekären.*（闇の到来――プレカリアートをめぐる現代日本文学、二〇一〇年、EB社）は、現代日本における新しい貧困をめぐる問題を論ずる。

モーリッツ・ベルツ教授は、ハンブルク大学で博士号を取得した。二〇〇八年にフランクフルト大学にドイツで初めて設置された日本法講座を担当する。ニューヨークやフランクフルトで弁護士として従事した後、教授として迎えられた。現在、同大学国際・ヨーロッパ私法・比較法研究所長を務める。東北大学でも客員教授を務めた。

トリア大学

トリアは、ルクセンブルクに隣接した人口約一一万人余りの町である。ポルタ・ニグラをはじめ、ローマ時代の大浴場の跡や円形劇場など、貴重な遺跡の残るドイツ最古の町として知られる。

トリア大学は一九七〇年の創立で、学生数約一万五〇〇〇人。日本学科は一九八五年にイルメラ・日地谷＝キルシュネライト教授が創設した。日本学科の学生は、主専攻だけで約三〇〇人いる。隣国ルクセンブルクから来る学生が多い。ルクセンブルクには日本学のある大学はなく、また日帰りできる距離にある。日本語図書は約一万冊あり、外国語で書かれた日本関係書も約一万二〇〇〇冊ある。

スタンカ・ショルツ＝チョンカ名誉教授はルーマニア出身で、ベルリン自由大学、オスロ大学などで教鞭をとった後、二〇〇〇年にトリア大学教授に就任した。古典文学、能、狂言を専門とする。日本でもしばしば講演活動を行っている。

ヒラリア・ゴスマン教授は、東京で生まれ、トリア大学で博士号を取得した。メディア、現代文学、テレビドラマなどを専門とする。福島の原発事故について、放射能に関する正確な報道をしないとして日本のメディアを厳しく批判する。

アンドレアス・レゲルスベルガ教授は日本の古典文学、日本の伝統、近世演劇、歌舞伎、人形浄瑠璃などを専門とする。ドイツでは人形浄瑠璃を扱う唯一の研究者である。著書に“*Rhetorik der Stimme; Text und Vortrag im traditionellen japanischen Puppentheater*”（響きのレトリック――伝統的な日本の操り人形劇場のテキストと語り、二〇一五年、ユディツィオン社）などがある。

ボン大学（ライン・フリードリヒ・ヴィルヘルム大学ボン）

一八一八年に当時のプロイセン国王、フリードリヒ・ヴィルヘルム三世によって設立された。マルクス、ハイネ、ニーチェ、新渡戸稲造等もここで学んだ。学生数約二万七〇〇〇人、うち留学生が約四〇〇〇人、七学部を擁する総合大学である。日本学は一九五九年に始まる。

ヨーゼフ・クライナー名誉教授は、一九四〇年ウィーンに生まれ、ウィーン大学で博士号と教授資格を取得した。一九七一年にウィーン大学教授、一九七七年にボン大学教授に就任、一九八八年よりドイツ日本研究所の初代所長を八年間務めた。その後法政大学に特任教授として招かれ、任期終了後の現在も同大学や東京国立博物館を拠点に旺盛な研究活動を続けている。二〇一五年に海外の若手日本研究者を対象とするヨーゼフ・クライナー博士記念日本学賞が法政大学に設けられた。

一九七五年から七九年までヨーロッパ日本研究協会（ＥＡＪＳ）の会長を務め、一九九〇年にはヨーロッパ学士院会員となった。ドイツ連邦共和国功労勲章一等功労十字章、オーストリア共和国科学芸術功労一字章一等等級、山片蟠桃賞、国際交流基金賞などを受賞、また二〇〇六年には日本政府から旭日中綬章が贈られた。

編著書に『ケンペルのみた日本』（編著、一九九六年、日本放送出版協会）、『江戸・東京の中のドイツ』（安藤勉訳、二〇〇三年、講談社）、『日本とはなにか――日本民族学の二〇世紀』（編著、二〇一四年、東京堂出版）、“*Japanese Collections in European Museums*”（ヨーロッパの博物館・美術館所蔵の日本関係コレクション、全三巻、編著、二〇〇五年、ビーアシェ社）などがある。

ペーター・パンツァー名誉教授は、一九四二年にザルツブルグに生まれ、東京大学に留学した。近代史を専門とし、一九～二〇世紀の日本とヨーロッパの交流史を研究する。一九八八年にボン大学教授に就任。著書に『日本オーストリア関係史』（竹内精一、芦沢ユリア訳、一九八四年、創造社）がある。ドイツ・オーストリア・スイスにおける岩倉使節団について書いたもので、国際交流基金賞を受賞した。また『ヨーロッパの劇場を魅了した初めての日本芝居――川上音二郎、貞奴一座の中・東欧公演旅行　一九〇一／一九〇二』（二〇〇五年、ユディツィオン社）を編纂した。二〇〇七年に日本政府より旭日中綬章を受章した。

ラインハルト・ツェルナー教授は、一九六一年に南アフリカに生まれ、キール大学で博士号、トリア大学で教授資格を取得した。ハレ大学、エアフルト大学などを経て、二〇〇八年より現職。歴史、ドイツ史と日本史の比較、幕末の社会史、江戸の民衆史などを専門とする。著作に“*Geschichte Japans: Von 1800 bis zur Gegenwart*”（日本の近現代史――一八〇〇年から現代まで、二〇〇六年、ＵＴＢ刊）などがある。

ハラルド・マイヤー教授は、チューリッヒの生まれで、博士号と教授資格をチューリッヒ大学で取得した。二〇〇八年より現職。歴史小説や大正デモクラシーを研究している。著書に“*Japans Bestseller-König*”（日本ベストセラーの王様、二〇一〇年、ユディツィオン社）などがある。

ケルン大学

一三八八年に市民により設立された大学で、ドイツではハイデルベルク大学と並んで最も古い歴史を持つ。学生数約四万八〇〇〇人、日本学は一九七八年に、芭蕉や蕪村の連句、俳諧に造詣が深いゲザ・ドンブラディ教授によって開始された。日本語を学ぶ学生は、留学生を除き全学で約二五〇人いる。

フランチィスカ・エームケ名誉教授は一九四七年にハンブルクに生まれ、日本文化史、美術史、思想史、宗教などを専門とする。夫は日本人。東北大学に留学、ハンブルク大学で博士号を取得した。『一遍上人絵伝』のドイツ語訳や茶道、生け花に関する著作もある。オーストリア第二の都市、グラーツ郊外のエッゲンベルク城の壁画に、大阪城を描いた屏風があるのを発見した。多数の親日・知日ドイツ人を育成し、ドイツの大学で初めてとなる日本語教員養成課程を開設したことで、二〇一三年に日本政府より旭日中綬章を受章した。

シュテファン・ケーン教授は、フランクフルト大学で博士号、ヴュルツブルク大学で教授資格を取得した。著書に"*Fremdbilder-Selbstbilder. Paradigmen japanisch-deutscher Wahrnehmung(1861-2011)*"(外からのイメージ／自己のイメージ――日本とドイツの感覚のパラダイム１８６１－２０１１、二〇一三年、ハラソヴィッツ社)などがある。近世の出版文化を専門としている。

デュッセルドルフ大学（ハインリヒ・ハイネ大学デュッセルドルフ）

一九六五年の創立で、デュッセルドルフ生まれの詩人、ハインリッヒ・ハイネにちなんで名づけられたものである。学生数約一万七〇〇〇人。一〇〇か国を超える国からの留学生が学んでいる。一九八七年に現代日本研究科が修士課程の副専攻科目として設置され、九八年に主専攻科目の認可を受けた。日本学に登録している学生は、学部生にマスターコースの学生を含めると約六〇〇人いる。新規の学生二二〇人のうち約一〇〇人が主専攻の学生で、大学全体では主専攻だけで約四五〇人が学ぶ。

前みち子教授は金沢大学出身で、ザールラント州立大学で博士号を取得した。一九九三年にデュッセルドルフ大学教授となり、一九九五年より二〇〇一年まで副学長を務めた。文学、比較文化、ジェンダー研究を専門とする。著書に"*Frauenbewegungen Weltweit: Aufbrüche, Kontinuitäten, Veränderungen*"（世界の女性運動――成立・継続性・変容、二〇〇〇年、イルゼ・レンツ社）などがある。

島田信吾教授は大阪に生まれ、エアランゲン大学で博士号と教授資格を取得した。ハレ大学などで教鞭をとった後、二〇〇五年より現職。比較社会学、社会人類学が専門である。著書に"*Grenzgänge-Fremdgänge.Japan und Europa im Kulturvergleich*"（境界を越えて――日本とヨーロッパの文化比較、一九九四年、キャンパス社）などがある。

アネッテ・シャート＝ザイフェルト教授は、ベルリン自由大学で博士号、ライプチヒ大学で教授資格を取得した。一九九二年に慶應義塾大学に留学、ジェンダー研究、また日本の近代化を戦後社会を中心に研究しており、人口変動、少子化、晩婚化の問題に関心を持っているという。著書に

"Sozialwissenschaftliches Denken in der japanischen Aufklärung-Positionen zur 'modernen bürgerlichen Gesellschaft' bei Fukuzawa Yukichi"（日本啓蒙における社会科学的思想――福澤諭吉の近代市民社会論、一九九九年、ライプチヒ大学出版）などがある。

デュースブルク＝エッセン大学

デュースブルクは、デュッセルドルフの北二〇キロ余りの、ライン川とルール川が合流するあたりにある人口約四九万人余りの工業都市である。

デュースブルク大学は一八九一年に設立されたが、二〇〇三年にエッセン大学と合併し、現在の大学名になった。学生数約三万人、その中には約一三〇か国、約三八〇〇人の留学生も含まれる。

一九九三年に東アジア研究所ができた。近代研究に特色がある。日本語の履修者は学部で約一〇〇人、マスターコースに十数人いる。学部三年で一年間日本へ留学することが、義務付けられている。図書館は歴史、経済、政治、言語学、経済地理の本が中心である。日本関係書は約一万六〇〇〇タイトルで、日本語図書はそのうちの約半分を占める。

フロリアン・クルマス教授は、ビーレフェルト大学で博士号を、デュッセルドルフ大学で教授資格を取得、その後日本の中央大学教授などを経て、一九九四年にデュースブルク＝エッセン大学教授に就任した。二〇〇四年から約一〇年間、ドイツ日本研究所長を務めた。日本社会や言語社会学など、幅広く研究活動を行っている。著書に『ことばの経済学』（諏訪功・菊池雅子・大谷弘道訳、一九九三年、大修館書店）、『文字の言語学――現代文字論入門』（斎藤伸治訳、二〇一四年、大修館書店）などがあり、多数の著作が日本語に翻訳されている。

アクセル・クライン教授は、ボン大学で博士号と教授資格を取得した。日本の政治及び東アジア研究が専門である。政治と宗教の関係について、アメリカや日本の研究者と共同研究をしている。著書に *"Das politische System Japans"*（日本の政治システム、二〇〇六年、ビーアシェフェアラークスアンシュタルト社）などがある。

カレン・シャイア教授は、アメリカのウィスコンシン大学で博士号を取得した。日本社会を中心とした比較社会学が専門で、先進国における仕事と雇用の質的変化や、社会的不平等に関する比較研究などを行っている。東京大学の客員教授を務めた。

ルール大学ボーフム

ボーフムは、デュッセルドルフから北東へ四五キロ程行ったところにある、ルール工業地帯を代表する工業都市の一つ。人口約三六万五〇〇〇人で、一九世紀中ごろから炭鉱地域として発展したが、炭鉱は一九七三年に閉鎖され、代わって自動車、金属、化学などの工業都市として発展を遂げている。一九五七年から六五年にかけて、日本から四三〇人余りの炭鉱労働者が派遣され、ルール工業地帯で炭鉱労働に従事したことは、日本では一般にはあまり知られていない。

ルール大学ボーフムは一九六五年に創設され、ドイツで第二次世界大戦後につくられた最初の大学である。学生数は約三万四〇〇〇人、うち外国人留学生が一三〇か国、約四五〇〇人いる。東アジア学部を持つドイツ唯一の大学である。

日本語履修者は学部段階で約二七〇人おり、七人の教員が担当する。

二〇一四年に中等教育日本語教員養成課程（修士）が開設された。

レギーネ・マティアス教授は、一九五〇年に生まれ、ウィーン大学で博士号を、デュースブルク大学で教授資格を取得した。ボン大学、デュースブルク大学で教鞭をとった後、一九九六年より現職。専門は日本社会史、日独関係史で、都市社会の中間層の生活史、日本の鉱山史などに関する論文が多い。

東アジア学部図書館によると、日本関係図書は約四万二〇〇〇冊、歴史と言語関係の本が多い。シーボルト関係資料も幾分かあり、ここにないものもすべてコピーして所蔵している。

ハンブルク大学

ハンブルク大学の創立は一九一九年、学生数は約三万六〇〇〇人である。一九一四年にハンブルク植民地研究所にドイツで最初の日本学講座が設立され、一九一九年、大学創立と同時に学部に昇格した。初代教授は、東京大学で長らくドイツ文学や哲学を教えていたカール・フローレンツであった。次いでヴィルヘルム・グンデルト、さらにオスカー・ベンル教授が後を継いだ。一九六五年からは、ゲザ・ドンブラディ教授やローランド・シュナイダー教授が引き継いだ。ドイツで日本学を最初に始めた大学である。現在の日本語履修生は約五〇人で、応募者は二〇〇人を超えるが、受け入れを制限している。

オスカー・ベンル（一九一四～八六年）は、一九三七年から四〇年まで東京帝国大学に留学し、ミュンヘン大学で教授資格を取得して、その後ハンブルク大学教授となった。ドイツ語による『源氏物語』の完訳“*Genji-monogatari:Die Geschichte vom Prinzen Genji*”（一九六六年、マネッセ社）は名訳として名高い。『伊勢物語』、『徒然草』、井上靖、谷崎潤一郎、川端康成、三島由紀夫などの翻訳もある。

ローランド・シュナイダー（一九三九～二〇〇七年）は、幸若舞の研究でハンブルク大学で博士号を取得した。中世日本の言語や文学を専門とし、ベルリン自由大学やテュービンゲン大学の教授を経て、ハンブルク大学教授となった。ハンブルク独日協会の会長も務めた。二〇〇七年春には、日本・ドイツ間の学術交流及び友好親善に寄与したことで、日本政府より旭日中綬章を贈られた。

ヨーク・クヴェンツァー教授は、慶應義塾大学や大阪市立大学に留学、ケルン大学で博士号と教授資格を取得した。仏教と思想の関係、今様と説話文学、中世の思想史と文学などを研究している。

ガブリエル・フォーグト教授は、九州大学に留学後、ハンブルク大学で博士号を取得した。日本政治、日本社会などを研究する。著書に“*Die Renaissance der Friedensbewegung in Okinawa.Innen-und außenpolitische Dimensionen 1995-2000*”（沖縄における平和運動のルネッサンス——内政と外政一九九五—二〇〇〇、二〇〇三年、ユディツィオン社）などがある。

アイケ・グロスマン教授は、ドイツで能や狂言を研究している数少ない研究者の一人である。早稲田大学で竹本幹夫教授の指導を受けた。博士論文は『黒川能』（"*Kurokawa Nō*"として刊行。二〇一三年、グローバル・オリエンタル社）である。

第八章　ドイツ各地の日本文化

ハンブルクと日本の「桜の女王」
(提供：時事通信)

ドイツにおける日本文化関係の施設や機関は、その多くが大都市に集中している。それは文化というものが政治や経済、また教育の問題と密接にかかわっているからであり、現実の問題として、大都市に日本人の居住者や往来が多いからでもある。そこでここでは、今まで扱ってきた項目の中で触れることができなかった日本文化関係の施設や機関、また日本文化が受容されている具体的状況を、大都市を中心に地域ごとにみていきたい。

1 ベルリン

人口三五二万人。首都であり、ドイツ最大の都市であるが、日本からの飛行機の直行便はない。在住日本人は周辺も含めると約四五〇〇人、ベルリン州だけで約三一〇〇人である。ベルリンには音楽関係の留学生が多い。

ベルリン日本国大使館

ティアガルテン通りに面した一等地にある旧日本大使館は、一九三八年から四二年にかけて建築され、第二次世界大戦中に三年間だけ使用された。隣はイタリア大使館。一九八七年に黒川紀章、山口泰治の設計で改築され、ベルリン日独センターとして一〇年間活用された。

二〇〇一年からは、新しい日本国大使館として使用されている。大使公邸は特に立派で、日本庭園もある。事務棟は Hiroshima straße（ヒロシマ通り）に面しており、入り口に書家の士門萃觥《しもんすいこう》氏が熊の像の表面に、書を散らし書きしたものが飾ってある。これはベルリンのシンボル、熊の像にデザインを施すコンクールで、第一席に入賞した作品である。

士門萃觥氏は京都市の生まれで、一九七七年にドイツへ渡り、ベルリンを拠点に書、墨絵、茶道、生け花などを教えている。

ベルリン日独センター

地下鉄のオスカー・ヘレーネ・ハイム駅正面にベルリン日独センターがある。

学術および文化の分野、ならびに同分野で経済生活と関連する分野における日独間および国際的な協力を支援し深めるために、一九八五年に設立されたもので、学術系事業を中心に、人的交流事業・文化事業・出版事業をしている。日本政府とドイツ政府が五〇％ずつ出資する。政治や科学の主に日本に関するテーマで、専門家を対象としたワークショップのほか、一般公開の学術系シンポジウム、また講演会や演奏会などを年間を通じて開催している。事業参加者の大半はドイツ人で、毎回三〇～二〇〇人ほどの参加者がある。

毎年六月に開催されるオープンハウスでは、ベルリン日独センターの日頃の活動を日本語体験講座やミニ講演会、対談会、コンサートなどを通じて紹介するのみならず、生け花、書道、折り紙、マンガなどの講座を設け、ベルリン市民に日本文化に親しむ機会を提供している。毎年約一〇〇〇人程度の来場者がある。

日本語講座は、初級・中級・上級を各二つに分けた六段階の講座編成で、受講登録者は全講座を合わせて一二〇人程度、講師数は研修生二人を含め一一人である（二〇一六年度）。また二〇一四年度より書道講座（年間）、かな講座（非定期）、漢字講座（非定期）も開催しており、日本語への多方面からのアプローチを図っている。

図書室には約一万二〇〇〇タイトルの蔵書があり、そのうちの約五割は日本語の出版物、他は主にドイツ語あるいは英語の文献である。

ベルリン国立図書館

ドイツでは各大学の図書館がそれぞれに図書を購入することによる重複を避けるため、国立図書館ができるだけ購入し、それを国立図書館から借用する体制を整えている。本を国立図書館から取り寄せる際に、一冊につき二ユーロ（郵送料）を払う必要がある。借用期間は四週間で、早ければ三日で本が届く。

この図書館には日本語図書が約二三万冊あり、日本語図書を年間約四〇〇〇冊購入する。最近はマンガも購入している。和古書のコレクションは約八五〇タイトルあり、中には「百万塔陀羅尼」や

「奈良絵本」の善本も数点あるが、多くは江戸時代の古典籍である。その多くはインターネットで閲覧できる。日本語図書担当のスタッフはウルズラ・フラッヘ氏など七人いる。

ベルリン独日協会

フンボルト大学の前身、ベルリン・フリードリヒ・ウィルヘルム大学の東洋語学ゼミナール会員により一八九〇年に創設されたもので、講演会、音楽会、舞踏会、クリスマス・新年宴会、遠足、美術展示会などの活動を行っている。大戦による二度の中断の時期を挟み、二〇一七年現在で一二七年の歴史を持つ。会員は初期には大学教授と学生が多かったが、後には実業家や外交官の会員が増えた。

マルティン・レア氏が二〇一六年三月より会長を務める。父親のヴィルヘルム・レア氏が駐日ドイツ大使を務めていた一九五四〜六〇年に東京に滞在、その後大統領府儀典長、ＥＵ裁判所儀典長を歴任した。事務局長はカトリーヌ・スーザン・シュミット氏。氏はフンボルト大学日本語科の出身で、三和銀行ベルリン支店勤務の経歴をもつ。

独日協会はドイツ全体で四八支部あり、約三〇〇〇人の会員がいる。ベルリン独日協会は、ドイツ最大の独日協会で、会員数約六三〇人、多数の日本人も会員である。月四回の会合を持ち、「かわら版」という会報を出している。ベルリン自由大学のクラブハウスで、毎年夏祭りを行っている。

ジャパン・フェスティバル・ベルリン

二〇〇五年からベルリンで開催されている日本文化紹介の総合的イベントで、二日間に約八〇〇〇人が訪れる。近年はイベント施設ウラニア（Urania）で開催されており、日本関連のショップや各種ブースが出店するほか、二か所のホールで三味線、和太鼓、武道等の文化プログラムが行われている。

ベルリンの日本人社会

ベルリンの壁崩壊後、二〇一七年で二八年になる。旧東ドイツの平均所得は、今も旧西ドイツの八割程度で、その社会的なひずみが問題になっている。

ベルリン市内の日本人人口は約一五〇〇人、寿司を提供する店は約一〇〇軒あるという。

ベルリンには音楽関係の留学生が多い。山田耕筰もかつてここに留学した。

ベルリン・フィルハーモニー管弦楽団で一九六六年から共演を重ねてきた小澤征爾が、病気から復帰した二〇一六年に七年ぶりにここで指揮、聴衆は総立ちで拍手を送り、同楽団からは「名誉団員」の称号が贈られた。

二〇一一年には、佐渡裕も同管弦楽団を指揮した。またバイオリニスト・樫本大進が二〇一〇年に同管弦楽団の第一コンサートマスターに就任した。

ベルリン在住で、一九九一年にシューベルト国際ピアノコンクールで一位となったピアニストの原田英代も、世界を舞台に活躍している。

文学方面では、芥川賞作家で詩人の多和田葉子が一九八二年に渡独、ハンブルクを拠点に活動していたが、二〇〇六年にベルリンに移住し、ドイツ語と日本語で小説を書いている。ドイツ語でも二〇冊以上の小説やエッセイを執筆しており、その文学活動に対し、二〇一六年にドイツの権威ある文学賞であるクライスト賞が贈られた。

ソニーセンタービルは八棟から成るかなり大きな建物群で、二〇〇〇年にソニーのヨーロッパの拠点として建設され、日本人社会のみならず現代最高峰の建築として、ベルリンの象徴的存在でもあった。しかし今、建物と名前はそのまま残っているが、ソニーベルリンの会社自体は売却され、ここにはない。

梅坂今子氏は「クーダム」付近で、夫とともに日本食レストランを営んでいるが、書道の師範である。ベルリンで約二〇人、ワイマールで約一五人、ハンブルクで約二五人に教えている。

シャルロッテンブルク駅の近くに山品書店がある。日本人が経営するドイツ最大の日本書籍店で、ドイツ人の客が三分の二を占めるという。

2 ライプチヒ

中世以来商人の町として、近代に入ってからは工業都市として栄えた。第二次世界大戦後は、東ドイツの主要な工業都市として発展したが、一九九〇年の東西ドイツ統一が引き金となって、競争力のない基幹産業が一気に衰え、かつては七〇万人を超えていた人口が五〇万人弱にまで減少した。市内には空き家が目立つようになった。

一方古くから見本市、書籍や印刷の町としても繁栄した。またバッハがトーマス教会を活動の拠点とし、一八世紀半ばにはゲバントハウス管弦楽団が創設されるなど、音楽の町としても知られる。現在の人口は約五五万人、在留邦人数は約二〇〇人で、うち音楽関係者が約二〇人いる。

ライプチヒ・ブックメッセ

第二次世界大戦までは、ドイツにおける全出版物の約半数がライプチヒで印刷されていた。岩波文庫のモデルともいわれるレクラム文庫もここで生まれている。二〇〇四年より毎年三月にブックメッセが開かれている。二〇〇〇社以上が参加し、約一五万人が訪れる。ここで日本文化の紹介も行われる。アニメやマンガのブースが大人気で、コスプレをして参加する人も多い。

ドイツ書籍文書博物館

ドイツの国立図書館は、ベルリン、ライプチヒ、フランクフルトの三か所に分散して存在する。このうちベルリン国立図書館が日本関係書籍のほとんどを所蔵している。ライプチヒの国立図書館は、一九一二年に設立され、翌年以降に出版された資料の収集が始まった。その付属の書籍文書博物館に、一〇〇〜一四〇〇年前にヨーロッパに渡った和紙の一大コレクションがある。

オーストリアの税吏フランツ・バルチェが、一九〇九年までに買い集めた和紙のコレクションが、ここに寄贈された。一八七三年のウィーン万博に日本政府は三〇〇種類以上の和紙を出品したが、そのうちの一三〇点をバルチェが収集、それをきっかけに日本の和紙を精力的に買い集めたものである。ドイツでも丈夫で長期の保存に堪える和紙の良さが認識されるようになり、火災で焼失した万単位の本の修復に和紙が使われている。

「日本の家」

建築家の大谷悠氏とノリコ・ミンクス氏が、二〇一一年一一月に空き家を再生利用して開いたもので、ライプチヒ市の新しい都市計画に呼応し、衰退地域の再生運動に熱心に取り組んでいる。

日本食の会、盆栽・囲碁・将棋からアニメ・マンガに至る幅広い日本文化のワークショップ、コンサート、地域の芸術祭、ライプチヒ大学日本学科との共同シンポジウム、子供と家族向けのイベントなど、さまざまな文化活動を行っている。
ライプチヒにおける日独文化交流の大きな拠点ともなっている。

バッハ資料財団国際広報室長、髙野昭夫氏

バッハの墓所があるトーマス教会の前に、バッハ資料財団がある。ドイツ政府やライプチヒ市などが出資する。ここで富山市出身の髙野昭夫氏が、国際広報室長を務めている。ゲバントハウス管弦楽団やライプチヒ歌劇場、ベートーベン音楽祭の広報も兼務する。一九五〇年に創設された四〇人規模で運営される同財団で、外国人が幹部に就任したのは初めてだという。

3 ミュンヘン

ミュンヘンの人口は約一五二万人、在留邦人数はバイエルン州全体で約九一〇〇人、ミュンヘン市だけでは約六〇〇〇人である。この数は年々増加している。またバイエルン州内の日系企業数は約四四〇社、ミュンヘンだけで約一七〇社ある。日本語の授業を行っているギムナジウムは七校、日本語講座のあるフォルクスホッホシューレ（市民大学）は五一校ある。

ヤーパン・フェスト（日本祭り）

毎年七月中下旬の日曜日に、イギリス公園の日本茶室の周辺で行われる。在ミュンヘン総領事館、バイエルン独日協会、ミュンヘン日本人会の共催で、二〇一七年で二二回目になる。日本茶室での呈茶、剣道・空手・柔道・合気道・居合道など各種スポーツの演武、日本人国際学校や日本語補習学校の生徒たちのダンスや遊戯、和太鼓、日本舞踊、津軽三味線など、盛り沢山の行事が行われる。

ソプラノ歌手、中村恵理

ミュンヘン在住のソプラノ歌手、中村恵理は二〇〇九年にイギリスのロイヤル・オペラ・ハウスでデビューして絶賛され、二〇一〇年から一六年までバイエルン国立歌劇場で専属のソリストを務めた。現在はフリーで、ミュンヘンを拠点に世界各地で活躍している。「私は欧米人のふりはしない。日本人としての自分を世界に示すことが大切」だという。

アイゼンブッフ、禅センター普門寺

ミュンヘンから東へ一〇〇キロほど行った、オーストリア国境に近いアイゼンブッフに、中川正壽氏が開いた禅センター普門寺がある。中川氏は一九四七年に京都に生まれ、慶應義塾大学哲学科を卒業、さらに駒澤大学大学院で学んだ後、曹洞宗の永平寺で修業した。その後一九七九年にドイツへ渡り、ドイツ・オーストリア・スイスで禅の指導をするようになった。一九九六年にアイゼンブッフに永平寺の末寺として、禅センター普門寺を開いた。年に何回か参禅会をすると、三〇～四〇人の参加者がある。また参禅のほか、ティク・ナット・ハンに会い、その影響を受けて始めた心身の健康コースとして、気功やヨガなども盛り込んでいる。

学生時代から尺八を趣味とする。普門寺は日本の伝統文化の紹介と支援も活動の一部としているので、邦楽コンサートなども主催している。ドイツ各地に赴き、禅の指導や講演活動をしている。

仏教や禅を布教する上で、ヨーロッパ文明の基盤となっているキリスト教徒との交流は不可欠との認識で、折あるごとに交流を図っている。

ディンケルシェルベン、正宝寺

アウクスブルクの郊外、ディンケルシェルベンにドューリング玄峰氏（道輪玄峰禅師）がいる。臨済宗妙心寺派東光寺の宝積玄承《ほうずみげんしょう》老師の下で参禅修行し、一九八八年に白隠禅会を組織した。ドイツでは一九九二年に自宅を改築して正宝寺《しょうぼうじ》を建立、ここを基盤に禅の指導をし、またドイツ国内あちらこちらへ指導のため出向いている。ドイツの白隠会のメンバーは一〇〇人を超える。宮崎俊子夫人は東大阪の出身で、石州流茶道と華道の師範である。

ミュンヘンのヴィラ・ストック・ミュージアムで二〇一二年六月に藤森照信展が開催された。氏の作品と活動を示すパネル写真を三室に展示、庭には空中にしつらえた卵型の斬新な茶室建築の作品が展示された。四本の木で支えられた茶室に、梯子を上って入るのである。

4　フランクフルト

欧州中央銀行をはじめとする国際金融、ドイツ経済の中心地で、人口約七二万人、ドイツ第五の都市である。在留邦人はヘッセン州全体では約五〇〇〇人、うちフランクフルト在住者は約三〇〇〇人である。横浜市と姉妹都市関係を結んでおり、進出している日系企業は約二六〇社ある。

かつてあった「三越」の店舗は今はない。「三越」はフランクフルトのみならず、欧州すべてから撤退した。いま目抜き通りには「無印良品」がある。この会社の店舗はドイツではベルリン、デュッセルドルフ、ハンブルク、ケルン、ミュンヘンなどにもあり、ドイツのみならず、世界中に店舗を展開している。

日本語普及センター

一九九四年に開校した。かつて総領事館に勤務していた羽田《はた》・クノーブラオホ・眞澄氏が事務局長を務める。ドイツ人に日本語を、日本人にドイツ語を、教師二〇人で約二二〇人の受講者に教える。羽田氏は書道も指導している。

語学と共に、文化交流にも力を入れている。日本の年中行事の紹介、コンサート、リサイタル、スピーチコンテスト、講演会、茶会、舞踊公演、展示会、セミナーなどの開催、また日本文化週間には総領事館や独日協会との共催で、展示会や映画会、コンテスト、和太鼓など多数のイベントを催している。

近年は横浜日独協会と協力し、作文コンテストで優秀な成績を収めた高校生を日本とドイツでそれぞれ二人ずつ招きあい、ホームステイを体験しつつ、それぞれの文化について見聞を深めてもらうことも行っている。

羽田・クノーブラオホ・眞澄氏には、長年日独交流に尽力したことで、二〇一六年に日本政府より旭日単光章が贈られた。

ニッポン・コネクション

一九九九年に二人の映画専攻の学生、マリオン・クロムファス氏とホルガー・ツィーグラー氏の発起で、ゲルハルト・ヴィースホイ氏がパートナー（共同経営者）を務めるメッツラー銀行が、二〇〇万円を出資して始まった。日本からも多くの映画人が訪れる。最新の日本映画を観ることができるため、この催しが定着するにつれ、ドイツのみならず、世界各国から多数の人が訪れるようになった。その後多くの企業の支援も受け、毎年一週間の会期で一万六〇〇〇人を集める、国外で開かれる世界最大規模の日本映画祭に成長した。期間中に一〇〇本以上の映画が上映される

また映画のみならず、講演や茶道、剣道、和太鼓、マンガ教室、日本食の作り方、着付けなど、広く日本文化を紹介する場ともなっている。

ゲルハルト・ヴィースホイ氏は、経済人として日独産業協会（ＤＪＷ）理事長として活躍する一方、文化方面でも日本とドイツ間の相互理解の促進に寄与したことで、二〇一五年に日本の外務大臣から表彰を受けた。

フランクフルト・ブックフェア

一九四九年以降、毎年一〇月中旬にフランクフルトで、一七万二〇〇〇平方キロの会場に一〇〇か国以上が参加して行われる。書籍、地図、雑誌、電子出版、美術などが扱われる一方で、版権の売買なども行われる。五日間の会期に展示する業者約七一〇〇社のうち、約四七〇〇社は海外からの参加である。入場者は約二七万五〇〇〇人に達する。

日系の出版社ではマンガも展示しており、マンガファンも多数来場する。会期中に行われるコスプレ大会には、ドイツ中からコスプレーヤーが集まる。

日本領事館も書道や折り紙のワークショップを通して、日本文化を体験できる場を提供している。世界各国から出版関係者、著者、翻訳者、イラストレーター、マルチメディア関係者などが集まる、世界最大のブックフェアである。

フランクフルト独日協会

一九一一年の創設で、ベルリン日独協会に次ぐ古い歴史と会員を持つ。会員は約三六〇人、法人会員が四〇社である。

定期的に講演会や当地日本法人会と共催で経済懇談会を開催、また遠足や家族向けイベントを行っている。さらに毎月「シュタムティッシュ」と呼ばれる、日本に興味のある人ならだれでも参加できる飲み会などもある。

一九九八年には琴、尺八、文楽などの日本の文化をヨーロッパに紹介する行事を行った。二〇〇四年に蕎麦打ち、生け花、琴、和太鼓、日本舞踊などの野外行事をやったところ、一二〇〇人の来場者があった。日独交流一五〇周年、フランクフルト独日協会一〇〇年の年に当たる二〇一一年には、ヴォルフスガルテン庭園で日本デーを三日間行った。八七人の日本人を招いて、生け花、茶道、太鼓、弓道、囲碁、尺八、書道、香道、俳句などの日本文化を紹介した。二万一〇〇〇人が訪れた。二〇一二年にはレシュタートバッハという町で日本庭園、生け花、折り紙、茶道、日本舞踊、着物展示などの日本文化の紹介を行ったが、六万人の来場者があった。

前会長は「日本と結婚した」と自負する親日家のフォルカー・ゲンプト氏で、ポルシェのアジア担当部長を務めた。二〇一五年春には、日本・ドイツ間の友好親善および相互理解の促進に寄与したことにより、二〇一五年に日本政府より旭日小綬章が贈られた。

前理事のクラウス・カスパー氏は、二〇一五年春に約三週間、「桜と温泉」というテーマで、桜の開花前線を追って日本列島を南から北へ移動しながら、まだ観光地化されていない山奥の寺などをめぐる日本旅行の団体を引率した。夫人の山崎道子氏は日本舞踊・若柳流の名取である。ハーナウの自宅には朱の鳥居がしつらえてある。ドイツ各地で日本文化行事を開催するなど、日独文化交流に尽力したことで、二〇一六年に日本政府から旭日双光章が贈られた。

会員のシビル・シュナーベル女史は、日本で水墨画を佐々木鉄心に学び、免許を得てドイツで二〇年余り、水墨画を教えている。大人気で日本人も習いに来る。

新会長のヨハネス・バイエル氏は弁護士で、日本留学の経験がある。顧客には日本企業が多く、定期的に来日している。

フランクフルト・日本デー

独日協会の主催、日本総領事館、日本法人会、日本語普及センターの後援で、毎年一〇月に市民ホールで日本デーが開催されている。生け花、書道、折り紙、墨絵、着付け、囲碁、将棋、合気道、空手、盆踊りなどのワークショップ、太鼓や日本舞踊などの公演が行われ、現代映画、アニメ、マンガのインフォメーションもある。ロビーには和食や日本酒のコーナーも設けられる。

日独盆踊り会

二〇一一年、日独交流一五〇周年の年に、盆踊りを通じて日独の友好を深め、またこの年に起きた東日本大震災による被災地の復興支援のために設立されたもので、毎年夏に盆踊り大会を実施している。二〇一七年で七回目となるが、フランクフルト総領事館やフランクフルト市の支援を受け、夏祭りのみならず、フランクフルトのカーニバル、カイザースラウテルンの七夕祭り、独日協会などの日本デーなど、さまざまな行事に参加して、日独の友好親善に一役買っている。

メゾソプラノ歌手、白井光子

フランクフルトから南へ一三〇キロ程行ったところに、カールスルーエがある。メゾソプラノ歌手の白井光子は、このカールスルーエ音楽大学歌曲科の教授で、一九七四年にシューマン・国際コンクールで第一位となり、国際的に活躍している。二〇〇八年に日本政府から紫綬褒章を、二〇一〇年にはドイツ政府から功労十字章が贈られた。

5　ボン

ケルンの南約二〇キロに位置する人口約三一万人の都市で、ライン川沿いにあり、一九四九年から一九九〇年まで西ドイツの首都であった。国連施設も多く、国際会議も開かれる。ベートーベンの生地である。

早稲田大学ヨーロッパセンター

一九九一年に早稲田大学が開設した。広い意味でのヨーロッパ統合の研究を目的としているが、統合問題に限定されないヨーロッパ研究、ヨーロッパ学者との共同研究を行っており、日本やアジアの文化、政治経済事情などを外国に紹介する機能も持っている。

筑波大学ボン事務所

ドイツ学術交流会ボン本部に、筑波大学の海外拠点として、二〇〇九年に開設された。学術交流のための情報収集・支援、優秀な留学生の確保のための業務、筑波大学からの研究者および派遣留学生の支援等の業務を行っている。ドイツ国内および欧州地域との学術交流や学生交流の推進を目的として運営されている。

6 ケルン

フランクフルトの北西一九〇キロにある、ライン川沿いのドイツ第四の都市である。京都と姉妹都市関係を結んでおり、すでに五〇年余りの歴史がある。人口一〇三万人を擁する。

ケルン日本文化会館

日本政府によって一九六九年九月に設置された。国際交流基金のドイツ支部として、ドイツ語圏における日本文化の紹介、日本理解の促進、日本とドイツの交流、日本語学者や日本文化の奨励等を目的に、日本文化の情報発信基地として、さまざまな活動を行っている。

館の内外で日本美術を紹介する展覧会、コンサート、舞踊などの公演、映画会、講演会、シンポジウムなどを開催している。

また日本語講座も行っている。本コースは九つのレベルに分けられ、一五週間のコースだが、一回のみのものもある。一期で二〇〇人前後が学ぶ。

さらに日本語教師研修会、各地へ講師を派遣する出張研修会、日本語能力試験など、さまざまな取り組みを行っている。

図書館には、日本社会、文化、言語に関する図書が約二万四六〇〇冊（うち日本語図書が約一万四〇〇〇冊）、ＤＶＤ、ＣＤなどの視聴覚資料約二八〇〇点、楽譜が九八五点ある。また雑誌約一二四タイトルが備えられている。年間七〇〇〇人以上の利用者があり、その多くはドイツ人である。

立川雅和氏が館長を務めている。

天理日独文化工房

ドイツにおける雅楽は、ケルン大学で二〇〇〇年四月に、ロベルト・ギュンター教授と天理教の社本正登司氏が協力して始められた。社本氏は四か月ほどケルンに滞在し、同年五月からは志水美郎氏も加わった。二〇〇六年より公益財団法人天理日独文化工房が設立された。ここで志水氏は約一五人に雅楽を教えている。ビルの数室を使い、日本のものばかりではないが、コンサート、展覧会、ワークショップ、また生け花、書道、盆栽、琴など、多彩な日本文化の紹介活動をしている。天理教をバックとするが、宗教活動とは切り離して文化活動を行っている。

7 デュッセルドルフ

ライン河畔にあるノルトライン・ウェストファーレン州の首都で、人口は約六〇万人である。在留邦人数は、デュッセルドルフ総領事館管内約一万四〇〇〇人、うちデュッセルドルフに約七〇〇〇人が住んでいる。一九五五年に三菱商事が商業登記したことに始まり、現在進出している日系企業は、州内に約五七〇社ある。この数は、ヨーロッパではロンドン、パリに次ぐ。日本人の在留人口が多いということは、ドイツ人が日本の文化に触れる機会が多いということでもある。

日本デー（ヤーパン・ターク）

二〇〇二年から毎年五月か六月頃に開催されている、一日かけて行われる日本紹介のイベントである。州、市、日本商工会議所、日本人学校理事会などが主催し、約七五万人の人出がある。

書道、着付け、折り紙、生け花、和太鼓、日本舞踊、紙芝居、将棋、囲碁、相撲、茶道、剣道、柔道、空手、弓道、合気道、コスプレ・ファッションショー、カラオケ大会、アニメ・マンガ・ポップカルチャーの紹介など、盛り沢山の企画が実施される。そして人気の目玉は、フィナーレの日本人の花火師による花火大会である。

中国も数年前からチャイナ・フェストを始めたが、こちらは三万人程度の人出である。

日本クラブ

一九六四年の設立で、現在四〇〇〇人余りの会員がいる。かつては七〇〇〇人いた時期もあった。マリエン通り沿いのビルに数室を確保し、新聞や雑誌なども置いて、会員がくつろげるスペースとしている。図書室には一万冊余りの図書を備えるが、会員による寄贈本が多い。

「恵光」日本文化センター

仏教伝道協会や株式会社ミツトヨの創業者、故沼田恵範によって一九九三年に設立された。デュッセルドルフ市は、土地などについて最大限の便宜を図ってくれた。広大な敷地に本堂、大小の日本庭園、茶室のある日本家屋、地階には展示スペースを兼ねた講演会場、二つのセミナー室、多目的ホールがある。また別館には図書館や幼稚園もある。

ここで座禅会、学術シンポジウム、講演会、研究会、読書会、美術・工芸の展覧会、演奏会、映画会、書道、水墨画、生け花、箏曲、日本舞踊、日本語などの各種の文化教室、茶会、日本庭園祭等さまざまな行事が行われている。庭園祭では野点や琴の演奏も行われる。

伝道よりも文化交流が中心で、デュッセルドルフ在住の日本人にとっては、日本に触れることができる心の拠り所となり、ドイツ人にとっては日本の文化を理解するこの上ない機会になっている。地元の観光コースにも組み入れられ、二〇〇～三〇〇人の観光客が訪れる日もあるという。民間の施設であるが、日本文化を紹介する一大センターとなっている。

幼稚園は、教員が日本人とドイツ人四人ずつ、園児も日本人とドイツ人が三〇人ずつおり、日本の教育活動日とドイツの教育活動日が隔日に設けられている。園内で日本語とドイツ語が共に使われていることが特色である。デュッセルドルフには、日本人幼稚園が、ここを含めて四つある。

図書館には仏教、歴史、美術、音楽、文学、哲学など、日本・中国・インド研究に関連する思想や芸術を中心に一万点以上の図書があり、一般にも開放されている。

元東北大学教授の青山隆夫館長以下、数名の専任研究者、スタッフによって運営されている。

デュッセルドルフ日本人学校

「恵光」日本文化センターの近くにある、全日制の小中学校である。総領事館、日本商工会議所、日本クラブ等の協力で一九七一年に開校した、欧州では初めての日本人の全日制の学校であった。約五〇〇人の生徒が在学し、日本人学校としてはヨーロッパで最大規模である。こうした日本人学校は、ドイツでは他にベルリン、ミュンヘン、フランクフルト、ハンブルクにもある。生徒数もピーク時、一九九二年には約一〇〇〇人いたが、現在はその半分になった。卒業生の総数は、二〇一五年現在で一八三一名、卒業生の半数以上は日本国内の高校に進学する。

日本映画週間

日本総領事館、デュッセルドルフ映画博物館、ケルン日本文化会館の主催で行われる日本の映画祭で、二〇〇七年から毎年行われている。デュッセルドルフ映画博物館の一三〇席余りが満席になる。無料で、日本語音声にドイツ語か英語の字幕が付く。映画を通して日本に理解を深めてもらうよい機会になっている。二〇一七年には二一本の映画が上映され、約三三〇〇人の入場者があった。

『ニュースダイジェスト』

日本語の無料新聞で、スタッフは四人、デュッセルドルフに事務所がある。一九九四年の創刊で、月に二回、約一万六〇〇〇部を発行する。日本人にドイツと日本のニュースを簡潔に紹介する新聞である。この会社はパリとロンドンでも無料新聞を発行する。二〇一二年からは日本デーに合せて、年に一回、ドイツ語で日本をドイツ人に紹介する『ジャパンダイジェスト』を発行するようになった。こちらも無料で、約五万部出る。

8 ハンブルク

自由ハンザ都市ハンブルクは、ドイツ北西部のエルベ川河口から一一〇キロメートルほど入った港湾都市で、人口約一七六万人、ドイツ第二の都市である。

一九八九年に大阪市と友好都市関係を締結した。同市との友好を記念し、ハーフェンシティには大阪通り（Osaka allee）が設けられている。

また一九九二年に横浜市と姉妹港提携を結んだ。二〇〇七年にハンブルク港祭りにおいて「日本・横浜フェスティバル」を開催、また横浜港との友好を記念し、ハーフェンシティに横浜通り（Yokohama straße）が設置された。

在留邦人数は、在ハンブルク総領事館管内で約四七〇〇人、ハンブルク市内に約一九〇〇人であり、日系企業は約八五社ある（二〇一五年一〇月現在）。日本総領事館は一時閉鎖されていたが、また復活した。

ハンブルク日本人会は、ハンブルク市に対する感謝のしるしとして、一九六八年以来ほぼ毎年五月に花火大会を開催している。ハンブルク市民にも、それが日本主催であることは周知されている。

一九六八年に明治一〇〇年を記念して、海外各地で日本関連行事が行われたが、ハンブルクでもその一環として「桜祭り」が開催された。ハンブルク日本人会から桜の苗木三六三本がハンブルク市に寄贈され、ハンブルク市長臨席のもと、盛大な植樹祭が行われた。その後一九七七年から八五年にかけて、四六七五本の桜の苗木が植樹された。

ハンブルク独日協会は隔年に「桜の女王」（二〇一五年に、それまでの「王女」を「女王」に名称変更した）の選考会を行って、日本からの「桜の女王」と隔年に相互訪問している（161ページの写真を参照）。

ハンブルク独日協会

ハンブルク独日協会は五〇年余りの歴史を有し、約三〇〇人の会員を擁する。日本語講座や講演会等、日本文化の紹介事業を積極的に行っている。

会長の橋丸榮子氏は、重光葵元外相の姪にあたる。ハンブルク独日協会で日本人の会長は初めてだという。

マンガ出版社「トーキョーポップ」

ハンブルクに東京ポップというマンガ出版社がある。二〇〇四年に設立されたもので、フルタイムの社員が約二〇人おり、一か月に約二〇冊のマンガを出版している。ほとんど日本のもので、右開きの白黒マンガである。売れ筋は『デスノート』、『セルダー伝説』、『エルフェンリート』などで、読者層はほぼ一二〜二〇歳だという。編集者アレキサンドラ・シェーナー氏はハイデルベルク大学の出身で、同大学日本学のシャモニ名誉教授の教え子である。

ハンブルク日本映画祭

一九九九年に始まる日本映画祭で、ハンブルク総領事館、国際交流基金、パナソニック、トヨタなどの日本企業、またハンブルク市やドイツ企業の協力で、さまざまなジャンルの作品、八〇本以上を上映する。

日本フェスティバル

数年前から始まった市民の草の根的イベントで、プランテン・ウン・ブローメン植物園内の日本庭園とハンブルク大学構内のアジアアフリカ研究所の建物を会場に、日本文化の素晴らしさをドイツ人に紹介する。各種ワークショップやデモンストレーションがあり、来場者の多くはドイツ人である。

禅宗寺院　テンブロイ天龍氏

ヨーロッパでは今から五〇年前の一九六七年に弟子丸泰仙がフランスに渡り、曹洞禅を広めた。テンブロイ天龍氏は一九五六年の生まれで、弟子丸泰仙の下で修業、得度を受けた。弟子丸の死後は成田秀雄の下で修業して嗣法、伝法を受けた。八三年以来ドイツ禅協会の会長を務め、九三年より曹洞宗に承認された国際布教師である。

キールの近く、シェーンベケンにテンブロイ天龍氏が創立した寂光寺があり、堂頭として指導している。この寺は一九八九年にドイツ禅協会の中核施設として建設されたもので、二〇〇年以上前に建てられたネオゴシック様式の貴族の邸宅をそのまま使っており、約五ヘクタールの広い寺域を持っている。ドイツ禅協会所属の四〇〇名を超える会員たちが修業する場となっている。また同時に地域の人々との協調も図っており、一般への開放日には七〇〇人以上の人々が訪れる。寺院名には、この地の佇まいと共に京都大原の寂光院の面影も投影されているという。

テンブロイ天龍氏は、ベルリンの禅光寺でも堂頭として指導している。また樋口星覚氏が、ベルリンの独立道場で指導している。樋口氏は慶應義塾大学法学部を卒業後、雲水として永平寺で三年間修業、その後海外のいくつかの禅道場などでも参禅した。またウェブカフェ「雲水喫茶」を主宰するなど、若手の斬新な感覚で禅の指導をしている。

ハンブルク龍門禅道場ではテンブロイ天龍氏の弟子、アンドレ守道氏が、ビーレフェルトの西約六〇キロにあるミュンスターの黙照道・道場ではテンブロイ天龍氏の弟子、ウォラー聖法氏が、カッセルの南東約六〇キロにあるシェンクレングスフェルトのダー道場では、ノイマン無名《むな》氏が、ハイデルベルクの獅子吼庵ではシミオッティ明仙氏がそれぞれ指導、ドイツ全体では約二五の禅道場や禅グループで、約四三〇人が曹洞禅の修業をしている。

終章　日独文化交流の将来

——東西文明・文化の融合へ

ゲーテ像（1787 年、ヨハンH・W・ティシュバイン画、シュテーデル美術館蔵）

日独文化交流の現在

一八六一年にプロシアとの間に日本・プロイセン修好通商条約が結ばれてから、日本とドイツの間に正式の交渉が始まった。日本は一八六八年に開国したが、開国して西洋世界を改めて知り、驚いたのが国力のあまりの落差であった。政治、経済、産業、社会制度、軍事、科学、医学、科学技術――さまざまな面で我が国は大きく立ち遅れていた。

一日も早く西洋に追いつくというのが、国家の至上命令となった。その遅れを取り戻すために、一方では外国人教師や技術者を大量に雇い入れて学問や技術を学び、一方では欧米に留学生を送ってさまざまな分野を学ばせた。一歩間違えば、西洋の植民地にされる恐れもあったのである。

ドイツをはじめとする西洋はいわば教師であり、日本はひたすら西洋に学んだ。そのため、例えば文化方面は、東洋にも独自の豊かな伝統があり、決して西洋に劣るものではなかったが、日本ではその文化方面をも含め、すべて西洋の方が優れていると受け取られた。当時の日本人は、まさに目もくらむような思いで、西洋の文明や文化を受け止めたのである。

西洋からみると日本は、先進西洋文明が中央アジアから中国を経て伝播し、最後に至りつく極東の地であり、当然関心も希薄で、文明国とはみなされていなかった。

第二次世界大戦までは、先進国ドイツ、また西洋からほとんど一方的にものを学ぶ時期が長く続いた。

第二次世界大戦では両国は壊滅的な被害を被ったが、ともに勤勉な国民であり、両国の経済は戦後奇跡とも言うべき急速な復興を遂げた。そうした中で日本文化も広くドイツに受け入れられるようになってきた。人々の往来も盛んになり、各方面で友好親善関係が進んだ。そうしたドイツに受容された日本文化の状況を、本書ではこれまで具体的にみてきた。

日本の経済力や科学技術力の充実を背景に、日本の文化は今日、さまざまな分野でドイツに受け入れられてきているが、それは日本の文化がドイツをはじめとする世界に受け入れられるだけの普遍的な価値を持っているということでもある。

日本の文化といっても、縄文以来の独自なものがそのまま継承されているわけではむろんない。絶えず外国の文化を受け入れながら、それが我が国のそれまでの文化と融合し、その中からさらに新たな文化をつくり上げてきたのである。

日本の文化は多く中国大陸に淵源をもつが、そうしたところから、海外では日本の文化は中国文化のコピーか猿まねとして受け取られることが多かった。中華思想の中国は当然そう考えていたし、ヨーロッパでも日本について知るところ少なく、中国文明の影響力が強かったから、同様に受け取っていた。

しかし日本の文明や文化は、たしかに中国文明や文化を淵源とするものが多いが、それらの文明や文化が日本列島に渡ってから長い時間をかけていわばじっくりと熟成され、中国のそれとは異なる、独自の新しい文明や文化を生みだしてきたのである。

明治以後は西洋の文明や文化が中国のそれにとってかわり、その圧倒的な影響下に、また新たな日本文化が形成されてきている。

世界の文化はそれぞれに優れたものを持っている。互いにそれを知れば、自らの精神的な世界をより豊かにすることができる。したがって日本の文化を積極的に海外に紹介することは、世界の人々の精神的な世界をより豊かにすることにつながる。そうであれば、日本の文化を世界に紹介する、その具体的な方策を探ることが、これからの時代にとりわけ重要なことであろう。

相手の文化を知る有力な手段の一つは、互いに行き来することである。実際に日本に来て、日本の文化に触れて日本が好きになったという人は多い。

ジャーナリズム等によって形成されたイメージと、実際にその国の文化や国民に直接触れ合った実感は、かなり異なっている。政治的な理由で一時的に国家間に緊張が走るようなことがあっても、それぞれの国民の間に厚い信頼関係が築かれていれば、必ずそれを撥ね返すことができる。近年海外から多くの外国人が日本を訪れるようになったことは、その意味からも誠に結構なことである。

近年はドイツとの文化交流も盛んになり、一九九九（平成一一）年から翌年にかけては、「ドイツにおける日本年」として約九〇〇件の記念行事が行われ、二〇〇五（平成一七）年から翌年にかけては、「日本におけるドイツ年」として、約一六〇〇件の行事が行われた。

また二〇一一（平成二三）年には、一八六一（文久一）年に日本とプロイセンの間に日本・プロイセン修好通商条約が結ばれて一五〇年になることを記念し、日独交流一五〇年を祝う、さまざまな行事が両国で行われた。

二〇一五年夏に、国立歴史民俗博物館で行われた「ドイツと日本を結ぶもの」と題する大規模な企画展示もその一環で、この展示会はその後、長崎歴史文化博物館、徳島県鳴門市ドイツ館、横浜開港資料館を巡回した。

ドイツに学ぶ

さて開国以来、日本は西洋から懸命にあらゆる文物を学び、今日、経済や科学技術の面ではほぼ追いついたと言ってよい。追い越した面もあるかもしれない。しかしながらドイツをはじめ、西洋に学ぶべきものはまだまだ多い。「西洋に学ぶべきものはもうない」とまでいう人もいるが、とんでもないことである。

明治以来我が国は、ドイツからゲーテ、マン、ヘッセ、カフカなどの文学、シラー、リルケ、ハイネなどの詩、エンデ、グリム兄弟、ケストナーなどの童話、ヘーゲル、カント、ニーチェ、ハイデッガーなどの哲学、バッハ、ベートーベン、シューベルトなどの音楽をはじめとして、ドイツが生んだ偉人からきわめて多くを学び、影響を受けてきた。近代日本人の教養の重要な部分を形成してきたと言ってもよい。これらは時代を超えた普遍的価値を持っており、時間が経過したからといって、いささかも色褪せるものではない。こうしたドイツが生んだ豊かな人類の叡智は、今後とも世界に向かって、光を放ち続けるであろう。汲めども尽きぬ泉として、今後とも優れたものを学び続けたい。

西洋が長い苦難の歴史を経て獲得した自由、平等、博愛、公共の福祉、また人権や個人の尊厳といった理念も、人類の普遍的な原理である。そうした政治や社会制度の面は、日本はまだ大きくたち遅れている。それらを否定しようとする動きは絶えずみられるが、長い時間をかけて西洋が獲得した叡智を改めて学びながら、我々も常に前進を心がけることが必要であろう。

二〇一五年に死去した統一ドイツの初代大統領、リヒアルト・ヴァイツゼッカーは、一九八五年、第二次世界大戦終戦四〇周年記念日に、西ドイツ議会で演説し、「過去に目を閉ざす者は、現在にも盲目になる」として、歴史を直視し、その厳しい反省の上に立って、自由で平和な新しい社会の建設を呼びかけた。かつて敵対したフランスと、多くの困難を乗り越えて和解に至った事実と共に、未だ中国、韓国両国と真の和解に至っていない我が国としては、真摯に傾聴すべきものがある。

原子力発電の問題にしても、ドイツのメルケル首相は、福島の事故を教訓に、いち早く原発を廃止する方針を打ち出した。事故はめったに起きないと言うが、起きるはずがないことが、また起きてはならないことが起きるから事故なのである。想定外の事故は常に起こりうる。いったん事故になると、人類は未だ原子力を制御する能力を持たない。制御する能力が無い以上、我が国にとってもとるべき道は自ずから明らかであろう。

いまドイツでは、第四次産業革命といわれる「インダストリー4・0」の巨大プロジェクトが進んでいる。生産ラインを見守るモニターカメラの画像から、不足しそうな部品を即座に判定して別の場所から補充する、といったシステムで、生産工程のデジタル化、自動化により、生産コストの極小化を目指すものである。生産システムをネットで結びつけたものづくりの現場は、「スマート工場」とも呼ばれている。同じものづくりの伝統を持つ我が国は、このようにあらゆるものにセンサーや通信機器を組み込み、ネット経由で膨大な情報を集めてサービスに生かす、「ＩｏＴ」の技術を先導するドイツに大いに学ぶ必要があろう。

文化方面でも、フンボルト財団やドイツ学術交流会（ＤＡＡＤ）の我が国に対する貢献は大きい。若手研究者を対象とするフンボルト財団の支援で、これまでに二〇〇〇人近い日本人がドイツに招聘された。最近五年間にこの財団から支援を受けた研究者の数は、ドイツ、アメリカに次いで多い。帰国後も手厚いフォローアップがある。大学生を中心に招聘するＤＡＡＤと補いあって、ドイツで学ぼうとする日本人は、大いに恩恵を受けている。その背後にあるのは、人の交流こそが国にとって最高の安全保障だとする哲学であり、確信である。この招聘で恩恵を受けた者が、ドイツに親近感を持ち、できれば恩返ししたいと考えるのは、ごく自然なことであろう。

それに対し、我が国の国際交流基金も、日本を研究対象とする人文・社会科学分野の若手研究者を毎年海外から招聘しているが、ドイツからはわずかに二〜三人である。

ドイツは日本を知るために、東京にドイツ日本研究所を設けたが、その年間予算は約四〇〇万ユーロ（一ユーロ一三〇円として換算すると、約五・二億円）、職員は一〇人の研究者を含め二〇人を擁する。ケルン日本文化会館は、日本から派遣された職員が三〜四人、年間予算は約一億二八〇〇万円である。両者を単純に比較することはできないにしても、文化に対する力の入れ方が大きく違っている。我が国も人の交流こそが最高の安全保障だとするドイツに倣い、文化予算をもっと拡充すべきであろう。

ビーレフェルト近郊に、「ベーテル」がある。これは一八六七年にフリードリヒ・ジーモン牧師を施設長として、てんかん患者のための治療・介護施設として設立されたものであるが、後任のフリードリヒ・ボーデルシュヴィングとその子フリッツ・ボーデルシュヴィングの下で次第に施設を充実し、総合医療・福祉施設として、今や町を成す程の規模になっている。障害のある人が自立し、安心して暮らせるように、あらゆる診療科を網羅した病院、学校、図書館、ホテル、レストラン、有機農業の農園、老人介護施設、ホスピスなどの施設、ホームレスの保護施設など、さまざまな施設が備わっている。

てんかん患者をはじめ、知的障害者、精神・神経などの心の病を持つ者、失業者、ホームレス、介護を要する人々など、多数がここで恩恵を受けている。

「ベーテル」とは、「神の家」の意で、キリスト教の精神で運営されている。この施設については、橋本孝氏の著作に詳しい（巻末参考文献参照）。

一九九三年には天皇皇后両陛下が訪問され、そのことに感謝してビーレフェルトにつくられた日本庭園が両陛下に贈られたことは先述したとおりである。福祉大国ドイツをまさに象徴するものであり、我が国はもちろん世界が見習うべき立派な施設である。

日本文化の特質

ところで日本が世界に誇り得るものは何であろうか。日本文化にみられる特質とは、どのようなものであろうか。

日本の文化史を貫くバックボーンとして、和歌は万葉の昔から今日に至るまで、千数百年の歴史を持っている。多くの文化現象が大陸に淵源を持つものである中で、和歌ばかりは日本独自のものであった。和歌文学の基調は優美な優しさにあった。「もののあはれ」を基調とする王朝文化は、この和歌を基軸として花開いたものである。和歌は決して貴族階級の専有物だったのではなく、万葉の時代から一般の庶民にも広く浸透し、日本人の心の中に生きていた。

一方、時間の経過の中で、すべてが移ろい変化していく現実を前に、「もののあはれ」の優美で優しい情感は、「無常」の自覚を生み、「無常」を乗り越えるものとして、特に芸能や武術方面では、技量の上達と共に人間としての完成を目指す「道」の思想が生まれた。茶道、華道、書道、香道、柔道、剣道、合気道、神道、仏道、武士道……。相撲も相撲道とは呼んでいないが、横綱には強さだけでなく、人間としての品格も要求されるのである。日本の文化は、かくて優しさと同時に勁《つよ》さや厳しさを併せ持つことになる。そして優美を基調とする美意識とこの厳しい「道」の思想がいわば表裏をなして、日本文化の根幹を形成してきたのである。

日本人は清潔を好むが、おそらくこれは神道や茶道に由来するところが大きいであろう。神社の神域や茶室には塵一つみられない。外国から日本に帰ってくると、誰しも日本が清潔を好む国であることを改めて実感するに違いない。

礼儀を重んじることや年長者を敬う点などには、儒教の影響がみられよう。

そうした日本文化の背後にあって、その核心を形成するものは何であろうか。これを簡単に言うのは難しいが、あえて言えば多様な価値観の容認、ひいては寛容の精神ということではなかろうか。

西洋では神と人間、人間と自然は本質的に異なる存在であった。人間は絶対者の前に服従しなければならない存在であり、自然は人間によって征服、支配される対象であった。そのような世界観は、過去にしばしば過度の対立と緊張関係を生みだしてきた。個人としては優しく、平和を愛する、善良で立派な人々が多いにもかかわらず、国家や民族の集団になるとたんに相貌が一変、自らと異なる存在を容易に認めようとせず、攻撃的になる傾向が多分にあった。西洋史の半ばは戦争の歴史だと言ってもよい程である。

それに対し日本では、人間は自然に抱かれて存在するもので、人間は自然と一体になることを究極の理想としてきた。一木一草にも神が宿ると考える。

修業を完成すれば、仏によって救われれば、人間は誰でも仏になり得るのである。同じ命あるものとして、動物や植物をも慈しみ、実験で犠牲になった動物を慰霊する。その思いは針供養、筆供養、人形供養など、命を持たないものへも及んでいく。

日本人は湿潤で穏やかな風土の中で、繊細で高い芸術性と精神性を備えた文化を二〇〇〇年の昔から育んできた。それはすべてを包み込む優しく温かい文化であった。日本文化を特色づけるもっとも大きなものは、異質なものを排除しない、母性的ともいうべき包容力のある温かさではなかろうか。

日本古来の神があるところへ、大陸から仏教が入ってきた。日本人はこの二つの宗教を奈良・平安時代に神仏習合や本地垂迹の考え方で共存を図った。もともと仏教はその布教の過程で流血をみることがなかった。相手が受け入れなければ、黙って退いたのである。

子供が生まれた時には宮参りをし、教会で結婚式を挙げ、寺で葬式を出す日本人を、しばしば西洋人は、日本人は信仰心が希薄だと言うが、それは西洋的な見方で、正月に八〇〇〇万人が初詣に出かけ、盆や彼岸に寺に墓参りするのも日本人の信仰のあり方である。お天道様が見ているという庶民の素朴な生活規範も、立派な信仰だと言ってよい。

このように多様な価値観を認め、自分と異なるものの存在を許容するというのが、日本人が本来持っている世界観であり、この点は異質なものの存在を容易に認めようとしない西洋の世界観とはかなり異なるものである。

自由、平等、博愛、人権、個人の尊厳などの理念は、人間が持つ普遍的な価値である。しかしいかに立派な価値であるとしても、それを力で他に押し付けるべきではない。

自らが正義で、悪と断じた相手は力で抹殺するというやり方を続けている限り、ついに世界に平和は訪れまい。そうではなく自分と異なる考え方を許容し、協調を模索する、いわば寛容の精神で多様な価値を認めることこそが、これからの時代には何より必要であろう。西洋が日本に学ばなければならない最大のものは、まさにこうした点であろう。

東西文明・文化の融合へ

自らの姿は、外から見た方がかえってよく見えるということがある。外国という鏡に映った日本や日本人の姿は、どのようなものだったのか。

明治初期に日本政府の招きで来日し、日本美術、日本文化のよき理解者であったアーネスト・フェノロサは、「日本および中国の特徴」と題する論文の中で、次のように述べている。

「日本のとるべき最上の道は、日本が東洋的伝統の理念をしっかり保持していくことだと、私は信じている。この道こそ日本が人類に対して果たすべき重大なる任務であり、日本こそこの聖火を守る最後の国である。日本は西洋の仰々しい材料を用いて、その炎を再び燃え上がらせようとする一方、西洋文明が迷いこんだ物質主義の幻影を見通す不思議な力をもった唯一の国である。（中略）日本の志向、日本の特性、東洋の神秘に対する日本の深い洞察力、西洋の力に対する日本の直感的推察力のゆえに、なかんずく精神的要素こそあらゆる問題を解決する鍵であるとする日本的思考のゆえに、今後一千年間、全世界に君臨すべき新しいタイプの近代的文明人を日本の土地に誕生せしめようとすることが、あるいは天の秘密会議における神意かもしれない」

（山口静一『フェノロサ』、一九八二年、三省堂）

日本の文化が世界史の中でもつ意義を明治の初期に鋭く見抜き、これからの世界が進むべき方向を指し示している。西洋文明が迷い込んだ物質主義の幻影を打ち破る鍵を持っているのは日本だというのである。

東洋人で初めてノーベル文学賞を受賞したインドのラビンドラナート・タゴールは、一九一六年に来日し、「日本の精神」と題する慶應義塾大学における講演の中で、次のように語っている。

「日本が自分の偉大さを認識することを怠ろうとする、さし迫った危険にあるかに見える今日、その日本に、日本は一つの完全な形式をもった文化を生んできたのであり、その美の中に真理を、真理の中に美を見抜く視覚を発展させてきたことを、再び想い起させることは、私のような外来者の責任であると思います。日本は正しく明確で、完全な何物かを樹立してきたのであります。それが何であるかは、あなたがた御自身よりも外国人にとって、もっと容易に知ることが出来るのであります。それは紛れもなく、全人類にとって貴重なものなのです。それは多くの民族の中で日本だけが単なる適応性の力からではなく、その内面の魂の底から産み出して来たものなのです」

（タゴール著作集Ⅷ「日本の精神」、高良富子訳、一九六〇年、アポロン社）

この発言の前のところで、日本が世界に比類なき豊かな精神文化を築き上げてきたことを述べ、それは日本人自身よりも外国人の方がかえってよく見えるとし、日本人が自らの美質を見失って、危険な方向へ突き進んでいこうとする状況を危惧している。

また一九二一年にノーベル賞を受賞したドイツ生まれの理論物理学者、アルベルト・アインシュタインは、翌二二年に改造社の招きで来日し、各地で講演を行ったが、日本を訪問した際の印象を次のように書き残している。


「この国の人々は感情の機微に敏く、ヨーロッパ人よりも他人の気持ちを推し量る力が強いように思われる」

「日本では他のいかなる国よりも豊富で多彩な芸術に出会える。ここで私の言う芸術とは人の手が作りだし、形となって残るもの一切を指している。この点において私は、今なお驚嘆さめやらぬ状態にある。まるで人間と自然が一つになって、他に類を見ぬ様式的統一を作り出したかのようだ。この国に由来するものはすべてが愛らしくおおらかで、けっして抽象にも形而上にも流れず、つねに自然が与えてくれたものと親密に結ばれている」

「日本人は当然ながら西洋の精神が達成した成果に目を見張り、大いなる理想を抱いて学問に没頭し、事実、成果を挙げつつある。だが、願わくば、日本人には忘れないでほしいのだ、西洋に優る偉大な財産を純粋なままに守り続けることを。それは、生活にほどこされた芸術的造形、個人的な慾の抑制と質朴、日本人の心の純粋と静謐である」

（『私の日本旅行雑感』慶應義塾図書館蔵手稿、斎藤太郎訳）

豊かで繊細な感情を持つ日本人、ものつくり大国日本、人間と自然が一体となった芸術的空間と人間の生き方など、日本と日本人の特質を述べ、これらは西洋に優る偉大な財産で、純粋に守り続けてほしいとしている。単なる社交辞令の域を越えた高次の文明批評になっている。

また桂離宮の美を賞賛した建築家ブルーノ・タウトは、日本を去る時に、次のように書き残している。

「私達は、日本で実に多くの美しいものを見た。しかしこの国の近代的な発展や、近代的な力の赴く方向を考えると、日本が何かおそろしい禍に脅かされているような気がしてならない。私達は、日本人をこのうえもなく熱愛していればこそ、ますます痛切にこのことを感じないわけにはいかなかった。しかし私達がこの国で接した人々の高雅な趣味、温かい心持、厚い人情、また実に立派な態度から受けた印象から推して、この脅威的な禍もさほど重大に考える必要はないと思うようになった」

（「永遠なるもの」『日本美の再発見』所収、一九三九年、岩波書店）

近代における急激な西洋化の中で、日本人自身がもともと持っている美質を見失っていくことに対する危惧は、日本を愛する外国人の口からほとんど異口同音に語られている。

実際に先の大戦では、日本人自身、その美質を見失ってしまったようである。日本を愛する西洋の識者が危惧した悲惨な戦争に突き進んでいった日本は、特にアジア諸国に与えた加害の面を厳しく反省し、日本の持つ本来の美質に立ち返ることが必要であろう。

日本の持つ文化が、ドイツをはじめ、世界に貢献できるものは多い。ハンブルク大学の日本学教授、ローランド・シュナイダーは、大阪市立大学における「ドイツの俳句文学」と題する講演の中で、「ドイツやヨーロッパが、日本の俳人や俳句の専門家から、頂戴しました貴重な贈り物に、深く感謝致したく存じます」と述べている。俳句がドイツにとって「貴重な贈り物」だというのである。日本の文化が俳句以外にも、ドイツのみならず世界に対して、多くの貢献できるものを持っていることは、すでに見てきたとおりである。

明治以来、国を挙げての努力で、曲折はありながらも、経済や技術の面では、西洋にほぼ追いついた。国民総生産が、アメリカ、中国に次いで世界第三位となり、科学技術の面でも西洋にほぼ遜色のないレベルになってきた。今や多くの日本人は、先進国意識を持つに至っている。もはや日本は、従来のようにすべてにわたって西洋に引け目を持つ必要はなく、日本人は真の意味で、もっと自信と誇りを持ってよいのである。

ただ持ちすぎてはなるまい。かつて駐日アメリカ大使を務めた知日家、エドウィン・ライシャワーは、日本人には自尊と自虐の間を往還する傾向があることを指摘して自覚を促した。どのような国民にもそうした傾向はある程度みられるが、特に日本人には自尊と自虐、排外と拝外の両極端に振れる傾向があることは、自戒すべきであろう。

西洋崇拝とその反動としての国粋主義は、楯の両面である。西洋一辺倒の崇拝はもう卒業してよいとしても、一国ナショナリズムに陥ることは、厳に戒めなければならない。戦前の排他的優越意識がいかに悲惨な結果をもたらしたかを、我々は決して忘れてはならない。

日本もドイツもそれぞれに、長い歴史の中で育んできた世界に誇る優れた文化を持っている。それぞれの持つ優れた文化が、世界に貢献できるものは多い。相手の文化に敬意を払い、互いの美質を謙虚に学びあって、さらに豊かな精神的な世界を築きあげていくことが、先の大戦で破滅的な経験をし、そこから立ち直った日独両国に課せられた使命であろう。

東西の文明、文化が融合した姿にこそ、新しい時代の希望と可能性を見出すことができよう。

あとがき

私は日本文学、中でも西行諸歌集の文献学的研究に長年取り組んできたが、十年余り前に大きな区切りがついた。それを機に、若い頃から大きな関心を持っていた「海外における日本文化」、すなわち海外で日本の文化がどのように受け入れられているか、という研究テーマで世界各地を歩きながら調査研究するようになった。私にとってこのテーマは、従来からの日本文化の根源に対する関心の、いわば延長線上にあるものであった。

まずアメリカについて纏めたものを二〇一三年七月に上梓(『アメリカに渡った日本文化』)、本書はそれに続くものである。

アメリカについて纏めた時もそうであったが、この度も実際に現地で日本文化関係の施設や機関、また日本文化の普及に携る人々を訪ね、国内外で数百人の方々と懇談させていただいた。

ドイツに渡った日本文化について、一つ一つの分野には優れた先学がおられ、そのご業績に大きな恩恵を受けたが、ドイツに渡った日本文化全体を扱った研究成果は管見に入らない。

本書では、日本の文化がドイツでどのように受け入れられているか、各分野にわたる受容の具体例を、できるだけ客観的に記述するよう心掛けながら提示し、その上で日独両国が今後進むべき道について考察した。

近年の複雑な世界情勢の中で、自由主義世界の旗手とも期待されるドイツは、日本にとってもますます重要な存在である。そのドイツについて考えたり論じたりするためにも、本書で扱ったようなことを、その基本的な知識の一つとして、国民は広く共有しておく必要があるのではなかろうか。

日本の文化が戦後、ドイツに広く受け入れられるようになったことについては、日本の文化そのものが、ドイツをはじめ世界に受け入れられるだけの普遍的価値を持っているということであるが、同時に多くの関係者の尽力によるものであることを改めて認識し、関係者のご努力に深く頭の下がる思いである。

ドイツや日本で、実に多くの方々からあたたかいご厚情を賜った。そして多数の方々と懇談させていただく機会を持ち得たことは、まことに有難いことであった。ただ特に日本学や日本語教育関係の方々については、紙幅の関係でそのうちのごく一部の方しかご紹介できなかったことは、痛恨の思いである。深くお詫び申し上げたい。

お世話になった方々はきわめて多く、ご芳名をいちいち挙げることは、これも紙幅の関係でとてもかなわないのでお許しいただかなければならないが、そのお一人お一人を改めて脳裏に思い浮かべ、お世話になったすべての方々に、深甚なる謝意を捧げるものである。

個別の事柄では、最新の調査結果を踏まえたつもりであるが、公的な機関であっても、対象となる事柄について必ずしも毎年調査を行っているわけではなく、中には数年前の調査結果しか公表されていない場合もある。それらは調査が行われた時期を明示した上で、参考までにそのまま掲出した。

なお故人、ならびに現存者であっても作家・翻訳者・役者・画家・音楽家などは、原則として敬称を省かせていただいた。

出版に際しては、明石書店取締役編集部長の安田伸氏、編集部課長の兼子千亜紀氏、編集部の李晋煥氏にひと方ならぬお世話になった。厚く御礼申し上げる。

寺澤行忠

二〇一七年八月

参考文献

参考にさせていただいた文献はきわめて多岐にわたるため、紙幅の都合で、ここには本文中に引用したものを除き、原則として各テーマを包括的に扱っているものや、目録・図録類を主に取り上げた。掲出できなかったものをも含め、多くの先学のご業績の恩恵にあずかったことに、深甚なる謝意を表するものである。

序章

○『日独交流150年の軌跡』 日独交流史編集委員会編 二〇一三年一〇月 雄松堂書店
○『日独文化人物交流史 ドイツ語事始め』 宮永孝 一九九三年十一月 三修社
○『海外交流史事典』 富田仁編 一九八九年一月 日外アソシエーツ
○『日本を愛したドイツ人―ケンペルからタウトへ―』 島谷謙 二〇一二年九月 広島大学出版会
○『日本』（全六冊） シーボルト 中井晶夫他訳 一九七七年一一月～七九年五月 雄松堂書店
○『シーボルト』 板沢武男 一九六〇年五月 吉川弘文館
○『シーボルト先生―その生涯及び功業―』（全三冊） 呉秀三 一九六七～六八年 平凡社
○『シーボルトの日本研究』 石山禎一編著 一九九七年一一月 吉川弘文館
○『黄昏のトクガワ・ジャパン ―シーボルト父子の見た日本―』 ヨーゼフ・クライナー編著 一九九八年十月 日本放送出版協会

○『よみがえれ！　シーボルトの日本博物館』国立歴史民俗博物館監修　鎌田恵理子編集　二〇一六年七月　青幻舎
○『ケンペルとシーボルト―「鎖国」日本を語った異国人たち―』松井洋子　二〇一〇年九月　山川出版社
○『特命全権大使米欧回覧実記』（一～五）、久米邦武編　田中彰校注　一九七七・九～一九八二・五　岩波文庫
○『お雇い外国人の研究』（全二冊）梅溪昇　二〇一〇年二月～九月　青史出版
○『ザ・ヤトイ―お雇い外国人の総合的研究―』編集委員会（代表・嶋田正）一九八七年四月　思文閣出版
○『ベルツの日記』（全四冊）菅沼龍太郎訳　一九五一年九月～五五年十月　岩波文庫
○『ベルツ日本再訪　草津・ビーティヒハイム遺稿／日記編』エルヴィン・ベルツ　若林操子監修　池上弘子訳　二〇〇〇年九月　東海大学出版会
○『ベルツ日本文化論集』　エルヴィン・ベルツ　若林操子編訳、山口静一・及川茂・池上純一・池上弘子訳　二〇〇一年四月　東海大学出版会
○『自伝音二郎・貞奴』　川上音二郎・貞奴　一九八四年一一月　三一書房
○『川上音二郎と貞奴―明治の演劇はじまる―』　井上理恵　二〇一五年二月　社会評論社
○『川上音二郎と貞奴Ⅱ―世界を巡演する―』　井上理恵　二〇一五年十二月　社会評論社

第一章　現代文化
○『入門日本の太鼓　民俗、伝統そしてニューウェーブ』　茂木仁史　二〇〇三年四月　平凡社新書
○『いのちもやして、たたけよ。鼓童三十年の軌跡』　鼓童文化財団　二〇一一年六月　出版文化社

第二章　伝統文化

○『海外の茶道―茶道学大系別巻―』 ポール・ヴァレー編 二〇〇〇年一二月 淡交社
○"*Friendship through Flowers; The Ikebana International Story*"Hollister Ferretti 1986 Ikebana International
○『能楽海外公演史要』 西一祥・松田存共編 一九八八年一〇月 錦正社
○『歌舞伎海外公演の記録』 永山武臣監修 茂木千佳史編 一九九二年八月 松竹
○『海外の日本庭園 調査報告書』（社）日本造園学会「海外の日本庭園」調査・刊行委員会編、二〇〇六年三月（社）日本造園学会

第三章　日本美術

○『煕代勝覧の日本橋―活気にあふれた江戸の町―』 小澤弘・小林忠 二〇〇六年二月 小学館
○『大江戸日本橋絵巻―煕代勝覧の世界―』 浅野秀剛・吉田信之編 二〇〇三年十月 講談社
○『大江戸八百八町』 江戸東京博物館編集・発行 二〇〇三年一月
○『「海を渡った古伊万里」展』 佐々木秀憲解説 一九九三年四月（株）有田ヴィー・オー・シー
○『海を渡った陶磁器』 大橋康二 二〇〇四年六月 吉川弘文館
○『海を渡った古伊万里 セラミックロード』 大橋康二監修 二〇一一年一月 青幻舎
○『ベルリン東洋美術館名品展』 京都国立博物館・ベルリン東洋美術館・毎日放送編 一九九二年 ホワイトPR
○『秘蔵日本美術大観』7 ベルリン東洋美術館 平山郁夫・小林忠編著 一九九二年 講談社
○『浮世絵聚花』14ベルリン東洋美術館・リートベルク美術館他 ローゼ・ヘンペル 小林忠他著 一九八一年一二月 小学館
○『海外所在日本美術品調査報告』9 リンデン民族学博物館 工芸 文化財保存修復学会編集・発行

二〇〇二年三月
○『海外所在日本美術品調査報告』10　リンデン民族学博物館 絵画・彫刻　文化財保存修復学会編集・発行　二〇〇二年三月
○『江戸と明治の華―皇室侍医ベルツ博士の眼―』　大熊俊之、クラウス・J・ブラント監修　二〇〇八年　大広編集・発行
○『ケルン東洋美術館展』　東武美術館ほか編　一九九八年　ホワイトPR
○『秘蔵日本美術大観』12　ヨーロッパ蒐蔵日本美術選　平山郁夫・小林忠編著　一九九四年十一月　講談社
○『在外日本の至宝』（全一一冊）　一九七九年九月〜八一年三月　柳沢孝他編　毎日新聞社
○『日独交流百五十周年記念　ハンブルク浮世絵コレクション展』　二〇一〇年　太田記念美術館

第四章　俳句

○『俳句のジャポニスム―クーシューと日仏文化交流』　柴田依子　二〇一〇年三月　角川学芸出版
○『ドイツ・ハイク小史』　加藤慶二　一九九六年十月　永田書房
○『比較俳句論　日本とドイツ』　渡辺勝　一九九七年九月　角川書店
○『俳句からHAIKUへ』　佐藤和夫　一九八七年三月　南雲堂
○『海を越えた俳句』　佐藤和夫　一九九一年五年　丸善
○『世界を結ぶこころとことば―紀行・研究・俳諧―』　小谷幸雄（参木）　二〇〇四年六月　近代文芸社
○『俳句・ハイク―世界をのみ込む詩型』　星野恒彦　二〇一三年一〇月　本阿弥書店

第五章　日本語図書

○「国際交流基金　日本文学翻訳書誌検索ウェブサイト」　国際交流基金→目的別メニュー→調べたい→文化芸術交流→日本文学翻訳書誌索引→一覧検索
○『海外における源氏物語』伊井春樹監修　ハルオ・シラネ編集　二〇〇八年四月　おうふう
○『文学の翻訳出版―諸外国の政策比較および日本文学の海外普及の現状―』　二〇〇七年三月　日本文学出版交流センター
○『越境する言の葉―世界と出会う日本文学』（日本比較文学会学会創立六〇周年記念論文集）　日本比較文学会編　二〇一一年六月　彩流社

第六章　日本語教育と日本学

○『海外の日本語教育の現状　二〇一五年度日本語教育機関調査より』　国際交流基金編集・発行二〇一七年三月

第七章　大学における日本学

○『ドイツ　国別文化事情』　国際交流基金編　二〇〇三年三月　国際交流基金
○『ドイツ語圏における日本研究の現状』法政大学国際日本学研究所・ボン大学近現代日本研究センター編集、二〇〇六年六月　法政大学日本学研究センター
○『ドイツ統一・EU統合とグローバリズム―教育の視点からみたその軌跡と課題―』　木戸裕　二〇一二年十一月　東信堂
○『日本研究』（第十集）　国際日本文化研究センター編集・発行　一九九四年八月

○『日本研究』（第十集〈資料編〉）　国際日本文化研究センター編集・発行　一九九四年八月
○"*Japanese Studies in Europe, v. 1*" Directory of Japan Specialists , 2008 Japan Foundation
"*Japanese Studies in Europe, v. 2*" Directory of Japanese Studies Institutions , 2008 Japan Foundation
"*Japanese Studies in Europe*" Appendix , 2008 Japan Foundation
○『「ニッポン学」の現在―ＧＥＮＪＩからクール・ジャパンへ―』明治大学国際日本学部編　二〇〇八年五月　角川学芸出版

終章

○『ドイツと日本を結ぶもの―日独修好一五〇年の歴史―』　国立歴史民俗博物館編集　二〇一五年七月　一般財団法人歴史民俗博物館振興会
○『ドイツと日本―国際文化交流論』　小塩節　一九九四年一二月　講談社学術文庫
○『ドイツの試練―難民、ギリシャ危機、脱原発』　早瀬勇　二〇一六年三月　文芸社
○『福祉の町　ベーテル―ヒトラーから障害者を守った牧師父子の物語』　橋本孝　二〇〇六年三月　五月書房
○『奇跡の医療・福祉の町―ベーテル　心の豊かさを求めて』　橋本孝　二〇〇九年九月　西村書店
○『タゴール著作集７　迷える小鳥・国家主義他』　宮本正清・高良富子・森本達雄訳　一九六〇年二月　アポロン社
○『都市の異文化交流―大阪と世界を結ぶ―』　大阪市立大学文学研究科叢書編集委員会編　二〇〇四年三月　清文堂出版

ミュンヘン大学　128, 133, 140, 142, 143, 145, 147, 158
ミュンヘン日本人会　170
モース・コレクション　82
黙照道・道場　189
木版画　86, 90
モダニスト　27
もののあはれ　199

や行

ヤーパン・フェスト（ミュンヘン）171
倭　41, 42
大和絵　77
融水園（ベルリン）66
ユディツイム社　122
ヨーゼフ・クライナー博士記念日本学賞　151
ヨーロッパ日本研究協会（EAJS）
横浜開港資料館　195
横浜日独協会　174
ヨセフィーネ・エドワード・フォン・ポルトハイム基金　86

ら行

ラーメン　38
ライデン国立博物館　19
ライプチヒ・ブックメッセ　168
ライプチヒ大学　23, 45, 127, 128, 140, 141, 154, 169
落語　45
リーゼ・コレクション　87
立命館大学　125
リンデン博物館　24, 49, 83-85
ルール大学ボーフム　83, 128, 133, 134, 138, 140, 145, 156
ルネッサンス劇場　57
レ・レットル　98
レクラム文庫　168
ロンドン万国博覧会　76

わ行

ワイマール独日協会　53
和歌　98, 199
早稲田大学　140, 145, 147, 159, 179
早稲田大学ヨーロッパセンター　179
和太鼓（太鼓）41-44, 69, 91, 171, 174-177, 182

A－Z

DAAD（ドイツ学術交流会）179, 197
DIJ（ドイツ日本研究所）85, 129, 140, 143, 146, 151, 155, 197
DJW（日独産業協会）175
EAJS（ヨーロッパ日本研究協会）128, 140, 145, 147, 151
GJF（ドイツ語圏日本研究学会）128
IBV（生け花協会）52
OAG（ドイツ東洋文化研究協会）126
SOS（フンボルト大学東洋学研究室）126
VHS（フォルクスホッホシューレ）53, 132, 133, 134
VSJF（現代日本社会科学学会）130, 143

フランクフルター・アルゲマイネ紙　102
フランクフルト工芸美術館　87
フランクフルト大学　128, 133, 148, 149, 153
フランクフルト独日協会　105, 176
フランクフルト日本文化普及センター　53
プランテン・ウン・ブローメン公園の日本庭園　51, 71
プランテン・ウン・ブローメン植物園　188
ブランデンシュタイン＝ツェッペリン家　82
プロイセン　151
プロイセン使節団　21
文化交流使　58
文化庁　62, 63, 65, 115, 119
文久遣欧使節団　21
文人画　77
フンボルト財団　197
フンボルト大学　127, 128, 138, 139, 149, 165
フンボルト大学森鷗外記念館　138, 139
文楽　62, 64-66, 176
平成中村座　62
ベーテル　70, 198
ベニス国際演劇祭　56
ベルツ・コレクション　84, 85
ベルリン・フィルハーモニー管弦楽団　166
ベルリン協会（裏千家ベルリン協会）　48
ベルリン芸術祭　59, 77
ベルリン芸術大学　57
ベルリン国際映画祭　34
ベルリン国立アジア美術館　80
ベルリン国立図書館　164, 168
ベルリン自由大学　121, 128, 133, 140-142, 148, 150, 154, 158, 165
ベルリン東洋美術館　48, 77-80
ベルリン独日協会　165
ベルリン日独協会　176
ベルリン日独センター　77, 163
ベルリン日本研究所　127
伯林日本古美術展覧会　76
ベルリン日本公使館　20
邦楽　172
法政大学　151
法隆寺　83
ボーイズ・ラブ　33
北斎展　77
ポップカルチャー　182
ホトトギス　104
ボローニア宣言　131
盆踊り　177, 178
盆栽　72, 169, 181
盆栽ミュージアム（デュッセルドルフ）　73
本地垂迹　201
ボン大学　19, 128, 133, 142, 145-147, 151, 152, 156, 157
翻訳コンクール　115
翻訳出版助成　118, 119
翻訳推薦者著作リスト　119

ま行

マーブルク大学　128, 148
松風　56
マルティン・グロピウス・バウ　77
マンガ　32, 33, 35, 36, 91, 164, 169, 175, 177, 182
マンハイム VHS　133
ミュンヘン VHS　133
ミュンヘン五大大陸博物館（旧ミュンヘン国立民族学博物館）　19, 20, 81-83

日本語普及センター　173, 177
日本コレクション　86
日本酒　40, 178
日本食（和食）　36, 37, 40, 167, 175
177
日本食魅力発信アクションプラン 38
日本総領事館　185
日本茶（緑茶）　39, 40
日本庭園　176, 183
日本デー（フランクフルト）　177
日本デー（デュッセルドルフ）　182
日本の家　169
日本博物館　21
日本フェスティバル（ハンブルク）
188
日本舞踊　171, 176, 177, 182, 183
日本文学出版交流センター　120
日本文化週間　174
日本文庫　121, 140
ニュースダイジェスト　185
人形浄瑠璃文楽　63
根付　90
能　56, 59, 62, 77,150, 159
能楽　56, 59, 99
農林水産省36
ノーベル賞　114, 115
ノーベル文学賞　106
海苔　39

は行

ハーバード大学　140, 147
バイエルン国立歌劇場 171
バイエルン独日協会　103, 105, 170
俳句（俳諧）　94, 95, 97-104, 106, 107,
148, 176, 206
ハイデルベルク大学　86, 128, 133,
140, 146, 147, 153, 188
ハイデルベルク大学京都オフィス
147
ハイデルベルク大学通訳翻訳研究所
147
ハイデルベルク民族学博物館　86
バイロイト大学　146
バッハ資料財団　170
花火　183, 186
ハビリタツィオン　132
ハラソヴィッツ社　122
ハレ大学　128, 133, 141, 142, 152,
154
版画　86, 87
万博基金　69
ハンブルク VHS　133
ハンブルク植民地研究所　127
ハンブルク大学　44, 102, 117, 133,
143, 145, 148, 149, 153, 157, 158,
206
ハンブルク大学植物園　71
ハンブルク大学植民地研究所　157
ハンブルク独日協会　158, 187
ハンブルク日本映画祭　188
ハンブルク美術工芸博物館　51, 90
版本　86, 148
ビーレフェルト大学　155
ビーレフェルト独日協会　70
東インド会社　15
東プロイセン　26
一橋大学　143
雛祭り　91
武士道　199
藤娘　59
仏画　77, 84
仏教　88, 97,99,143, 158, 172,184,
201
仏教伝道協会　183
ブックフェア（フランクフルト）61,
114, 175
仏道　199
フライブルク大学　83, 145

テュービンゲン大学　128, 133, 138, 144, 145, 149, 158
テュービンゲン大学同志社日本研究センター　144, 145
デュッセルドルフ VHS　133
デュッセルドルフ映画博物館　185
デュッセルドルフ総領事館　182
デュッセルドルフ大学　128, 133, 154, 155
デュッセルドルフ日本人学校　184
天狗太鼓　44
天理日独文化工房　181
ドイツ書籍文書博物館　168
ドイツ禅協会　189
ドイツにおける日本年　56, 63
ドイツ俳句協会　104, 105
ドイツ美術館　77
ドイツ盆栽協会　72
ドイツ連邦園芸博覧会　68
東亜美術協会　76
陶器　84, 90
東京外国語大学　141
東京国立博物館　86, 151
東京大学（東京帝国大学）　24, 84, 85, 95, 96, 100, 117, 127, 140, 143, 145, 152, 157, 158
東京能楽団　56
東京農業大学　66
陶磁器　76, 79-82, 86, 90
同志社大学　144, 145
東照宮　27
東大寺　83
「道」の思想　199
東北大学（東北帝国大学）　25, 149, 153, 184
トーキョーポップ　34, 187
徳川幕府　76
徳島県鳴門市ドイツ館　195
特命全権大使米欧回覧実記　22
ドコミ　35
DRUM TAO　41, 42
トリア大学　128, 133, 145, 149, 150, 152
ドレスデン美術館　80

な行

長崎海軍伝習所　22
長崎出島　17
長崎歴史文化博物館　195
名古屋大学141
ナショナル・ガーデン・ショウ　54
ナチス　26
奈良絵本　87
鳴滝塾　18, 20
錦絵　77
日・EU 市民交流年　63
日独交流 150 周年　58, 77, 91, 176, 177, 194
日独防共協定　77
ニッポン・コネクション　174
日本・EU 市民交流記念「能・狂言」公演　57
日本・プロイセン修好通商条約　21, 194
日本映画祭　174
日本映画週間（デュッセルドルフ）185
日本学（日本研究）　126-132, 138-140, 142, 144, 148, 150, 151, 153, 157, 188, 206
日本クラブ（デュッセルドルフ）183
日本経済新聞社　77
日本語教育　130, 132, 134, 138
日本語教師研修会　181
日本語教員養成課程　134, 153, 157
日本国大使館　163
日本語講座　128, 164, 180, 187
日本語能力試験　135, 181

桜祭り　187
座禅　91, 183
茶道　35, 50, 51, 153, 163, 175, 176, 182, 199
サントリー文化財団　120
シーボルト・コレクション　82
シーボルト記念館　20
シーボルト事件　18
シーボルト博物館　20
Ｊポップ　35
ジェトロ　34
シェフィールド大学　147
磁器　80, 81
漆器　82, 84, 90
尺八　171, 176
寂光寺　189
ジャパン・フェスティバル・ベルリン　166
ジャパンダイジェスト　185
ジャポニスム　76
写本　148
三味線　64
シャルロッテンブルク工科大学　26
柔道　170, 182, 199
自由民権運動　28
儒教　199
シュトットガルト VHS　133
シュトットガルト地理民族学協会 83
将棋　91, 169, 177, 182
上智大学　147
正宝寺　172
浄瑠璃（人形浄瑠璃）　65, 150
書跡　86
書道　35, 164, 175-177, 181-183, 199
神社　199
震太鼓　44
神道　145, 199
神仏習合　201
水墨画　77, 91, 177, 183
寿司　37, 38
スマート工場　196
墨絵　99, 106, 163, 177
隅田川　56
墨田区　77
相撲　182, 199
世界パントマイム祭　59
禅（禅宗）51, 97, 99-101, 106, 172, 188
禅光寺　189
禅センター普門寺　171, 172
禅道場　189
箏曲　183
草月流　52, 53
ソニーセンタービル　167

た行

大学入試資格試験（アビトゥア）134
太鼓＊雅　44
第三回パリ万博　76
第二回パリ万博　76
第二次世界大戦　29, 162, 168,192
七夕祭り　178
達磨寺洗心亭　27
タヲ太鼓道場　44
短歌　95, 96, 106
チャイナ・フェスト　183
茶会 174, 183
茶室　20, 69, 71, 87, 91, 170, 172, 183
中央大学　155
チューリッヒ大学　152
ツヴィンガー宮殿　80
津軽三味線　43, 171
筑波大学　143, 179
筑波大学ボン事務所　179
デュースブルク＝エッセン大学　155
デュースブルク大学　128, 155, 157

楽面　77
片山家能楽・京舞保存財団　57
桂離宮　26, 27
華道　172, 199
金沢大学　154
狩野派　77
歌舞伎　42, 59, 62, 150
紙芝居　182
カラオケ　36, 182
空手　170, 177, 182
観世流　56
カンマーフィルハーモニー・ブレーメン管楽ゾリステン　58
寛容の精神　200, 201
キール大学　152
キオン太鼓道場　44
義太夫　64
喜多流　56, 57
着付け　175, 177, 182
ギムナジウム　134
着物　176
九州大学　158
弓道　25, 176, 182
狂言　56, 59, 62, 150, 159
京都大学　85, 147
京人形　59
キリスト教徒　172
金熊賞　34
クライスト賞　167
栗の木太鼓　43
慶應義塾大学　72, 142, 145, 154, 158, 171, 189, 203
ゲーテ・インスティテュート　125
ゲッティンゲン大学　128, 131
ゲバントハウス管弦楽団　168, 170
ケルン大学　128,133, 134, 143, 153, 158
ケルン東洋美術館　88
ケルン日本文化会館　58, 61, 65, 88, 105, 133, 180, 185, 197
現代日本文学の翻訳・普及事業　119
剣道　170, 175, 182, 199
古伊万里　81
孔子学院　125
香道　91, 176, 199
幸若舞　158
GOCOO　41, 43, 44
国際交流基金　58, 60-65, 77, 112, 113, 118, 119, 126, 130, 132, 133, 143, 147, 151, 152, 180, 188, 197
国際庭園博覧会　67
国文学研究資料館　116
国宝保存法　77
国立科学博物館　21
国立歴史民俗博物館　20, 82, 194
黒龍太鼓　43
国連教育科学文化機関（ユネスコ）63, 110
コスプレ　35, 36, 91, 175, 182
詁傳の会　64
琴　176, 181, 183
鼓童　41, 43
駒澤大学　171
コミック　32
コロンビア大学　124
コンニチ　35
金春流　58

さ行

ザールラント州立大学　154
在ハンブルク日本国総領事館　186, 188
在フランクフルト日本国総領事館　50, 175, 177, 178
在ベルリン日本国大使館　162
在ミュンヘン日本国総領事館　170
桜の木太鼓　43
桜の女王　187

【事項索引】

あ行

IoT　197
合気道　170, 177, 182, 199
アカデミー長編アニメ映画賞　34
朝日新聞　27
朝日新聞社　85
アニマジック　35
アニマニア　35
アニメ　33-35, 169, 177, 182
アニメックス　35
アメリカ陸軍日本語学校　124
荒木造園　67, 71, 72
アリアンズ・フランセーズ　125
有田ポーセリンパーク・ツヴィンガー宮殿　81
有田焼　87
アルベール・カーン基金　98
居合道　170
池坊　51, 52, 55
生け花　35, 52-54, 153, 163, 164, 176, 177, 181-183
いけばなインターナショナル　52, 54
囲碁　35, 169, 176, 177, 182
イスタンブール芸術アカデミー　27
伊勢神宮　26, 27
伊万里焼　76
岩城造園　69
岩倉使節団　20, 21, 152
インゼル社　122
インダストリー 4.0　196
ウィーン大学　151, 157
ウィーンの国立民族学博物館　20
ウィーン万国博覧会　76, 90
ウィスコンシン大学　156
浮世絵　14, 77, 79, 84, 87, 90
梅若研能会　57
ヴュテンベルグ王立産業博物館　84
ヴュルツブルク大学　131, 153
裏千家　48, 49, 51, 145
裏千家ハンブルク協会　51
裏千家フランクフルト協会　50
エアフルト大学　128, 152
エアランゲン＝ニュルンベルク大学　131, 154
絵入版本　90
絵入り物語　147
エグモント・エハパ社 32-34
「恵光」日本文化センター　51, 55, 70, 183
エッセン大学　155
MOA 美術館　85
エルランゲン大学　26, 128
園芸博覧会　66
王立プロイセン博物館 78
大蔵流狂言　58, 59
大阪市立大学　158, 206
オスロ大学　150
オッペケペー節　28
小原流　52
表千家　49
お雇い外国人　21-23, 28, 84, 100, 101, 127
オランダ商館　15-17
オランダ東インド会社　14, 15
オランダ東インド陸軍病院　17
オランダ貿易会社　19
折り紙　35, 91, 164, 175-177, 182
鬼太鼓座　41

か行

カールスルーエ音楽大学　178
カールセン社　32-34
ガイガー・コレクション　87
外務省　36
雅楽　181
柿右衛門様式　81

ま行

マイ、エッケハルト（May, Ekkehard）　148
前みち子　154
正岡子規　101
松尾芭蕉　97, 99, 101, 103, 153
枡野俊明　67
マティアス、レギーネ（Mathias, Regine）　157
間宮林蔵　18
マルクス（Marx, Karl Heinrich）　151
丸谷才一　121
丸山眞男　147
マン（Mann, Thomas）　195
三島由紀夫　112-114, 121, 158
宮崎俊子　172
宮崎駿　34
宮沢賢治　112, 113
宮澤俊義　138
宮本亜門　42
ミンクス、ノリコ（Minkus, Noriko）　169
村上春樹　112-114, 122
村戸裕子　105
村尚也　57
メーリケ（Mörike, Eduard Friedrich）　144
メルケル（Merkel, Angela Dorothea）　140, 196
モース（Morse, Edward Sylvester）　23
最上徳内　18
森鷗外　23, 113, 114, 116, 121, 138, 140
モンテスキュー（Montesquieu, Charles de Secondat, Baron de）　17

や行

ヤーン、エルヴィン（Jahn, Erwin）　101
山崎道子　177
山田耕筰　166
山田弘子　104
与謝蕪村　99, 101, 103, 153
吉田和生（初代）　65
吉田玉男（初代）　63
吉田玉男（二代）　65
吉田文雀（初代）　63
吉本ばなな　113, 115
フォリヤンティ＝ヨスト（Foljanty-Jost, Gesine）　142

ら行

ライシャワー、エドウィン（Reischauer, Edwin O.）　206
ランゲ、ルドルフ（Lange, Rudolf）　127
ランゲン（Langen）　89
リヒター、シュティフィー（Richter, Steffi）　141
リルケ（Rilke, Rainer Maria）　106
シラー（Schiller, Friedrich von）195
リンデン、カール　（Linden, Karl von）　83
ルードヴィッヒ二世（Ludwig Ⅱ）　82
レア、マルティン（Löer, Martin）　165
レゲルスベルガ、アンドレアス（Regelsberger, Andreas）　150
レッシング　17
ロエスレル、ヘルマン　（Roesler, Karl Friedrich Hermann）　126
ロダン（Rodin, Auguste）　28

わ行

ワーグナー（Wagner, Wilhelm Richard）　140
ワグネル（Wagener, Gottfried）　23

147
フェノロサ、アーネスト
（Fenollosa, Ernest F.） 23、202
フォーグト、ガブリエル
（Vogt, Gabriele） 158
ボルマー、クラウス （Vollmer, Klaus）
143
藤森照信 173
ブッシュ、ヴェルナー（Busch, Werner
M.） 73
プフィッツマイヤー、A
（Pfizmaier, August） 126
ブライス、レジナルド
（Blyth,Reginald） 100
フラッヘ、ウルズラ（Flache, Ursula）
165
プランケンシュタイナー、バルバラ
（Plankensteiner, Barbara）92
ブリンクマン、ユストゥス
（Brinckmann, Justus） 90
古井由吉 121
フルベッキ（Verbeck, Guido Herman
Fridolin） 23
ブレヒンガー=タルコット、ヴェレナ
（Blechinger-Talcott, Verena） 140
フローレンツ、カール（Florenz, Karl
A.） 94-97, 99, 106, 126,
127, 157
ブロッセ、ヴァレンティン
（Brose, Valentin） 73
フンボルト、ヴィルヘルム
（Humboldt, Karl Wilhelm von） 138
ヘーゲル （Hegel, Georg Wilhelm
Friedrich） 138, 144, 195
ベートーベン（Beethoven, Ludwig
van） 178, 195
ヘッセ、ヘルマン（Hesse, Hermann
Karl） 99, 195
ペリー（Perry, Matther Calbraith） 17
ヘリゲル、オイゲン（Herrigel, Eugen）
25, 26
ヘルダーリン （Hölderlin, Friedrich）
144
ベルツ、エルヴィン （Bälz, Erwin
von） 23, 24, 84,126
ベルツ、モーリツ（Bälz, Moritz）
149
ペルトナー、ピーター（Pörtner, Peter）
143
ベンル、オスカー（Benl, Oscar）
117, 157, 158
ボアソナード （Boissonade, Gustave
Emile） 23
宝積玄承 172
ボーデ、ウィルヘルム・フォン
（Bode, Wilhelm von） 78
ボーデルシュヴィング、フリードリ
ヒ（Bodelschwingh, Friedrich von）
198
ボーデルシュヴィング、フリッツ
（Bodelschwingh, Fritz von） 198
ボードマースホーフ、インマ
（Bodmershof, Imma von） 101
ホーフマン、アレクサンダー
（Hofmann, Alexander） 80
ポール、ウォルター（Pall, Walter）
72
星新一 112, 113, 115
星野慎一 102, 104
星一 127
ホレス、ロベルト（Horres, Robert）
145
本阿弥光悦 78
本田光洋 57, 58
ポイントナー小茂田
（Pointner-Komoda, Hiroko） 55
ポンペ （Ponpe van Meerdervoort）
23

151, 195
西田幾多郎　122
新渡戸稲造　142, 151
沼田恵範　183
沼野充義　114, 119
ノイマン無名　189
乃木希典　23
野澤松之輔（初代）　63
野村萬　57

は行

ハース、ウルリッヒ（Haas, Ulrich）　50
ハーリチカ、ハーバート（Herlitschka, Herbert）　117
バイエル、ヨハネス　（Beyer, Jahannes）　177
ハイデッガー（Heidegger, Martin）　195
ハイニシュ八重子（Heinisch, Yaeko）　49
ハイネ、ハインリッヒ（Heine, Heinrich）　151,154,195
ハウスマン、マンフレード（Hausmann, Manfred）　101
バウハウス、イングリット（Bauhaus, Ingrid）　53
バウムガルトル、モニカ（Baumgartl, Monika）　43
萩原朔太郎　116
橋丸榮子　187
橋本孝　198
羽田・クノーブラオホ・眞澄　（Hata-knoblauch Masumi）　174
パッシン、ハーバート（Passin, Herbert）　124
バッハ（Bach, Johann Sebastian）　168, 195
パバロイ、マルガレータ（Pavaloi, Margareta）　87
ハマーショルド（Hammarskjöld, Dag H.A.C.）　106
ハミッチュ、ホルスト（Hammitzsch, Horst）　102, 104
林英哲　43
林忠正　78
林マット利美　53
原田英代　166
ハラルド、マイヤー（Harald, Meyer）　152
ハン、ティク・ナット（Hanh, Thich Nanh）　171
パンツァー、ペーター（Pantzer, Peter）　152
坂東玉三郎（五代）　42, 61
坂東八十助（五代）　61
ピカソ、パブロ（Picasso, Pablo）　28
樋口星覚　189
日高薫　82
日地谷＝キルシュネライト、イルメラ（Hijiya-Kirschnereit, Irmela）　121, 122, 140, 150
ビュンメル、コーラ（Wuermell, Cora）　81
平田精耕　51
ビング、シークフリート（Bing, Siegfried）　90
ブアシャーパー、マルグレート（Buerschaper, Margret）102, 104
ファンロンパイ（Van Rompuy, Herman）　106
フィッシャー、アドルフ（Fischer, Adolf）　88
フィッシャー、フリーダ（Fischer, Frieda）　88
フィヒテ（Fichte, Johann Gottlieb）　138
フース、ハラルド　（Fuess, Harald）

竹澤団六（八代） 63
竹本住大夫（七代） 63
竹本千歳太夫（初代） 64, 65
竹本津太夫（四代） 63
竹本幹夫 159
タゴール、ラビンドラナート（Tagore, Rabīndranāth） 203
太宰治 112, 113, 116
立川雅和 181
谷川俊太郎 122
谷口卓也 43
谷崎潤一郎 112, 113, 116, 121, 158
多和田葉子 143, 167
俵屋宗達 78
チェンバレン、B・H（Chamberlain, Basil hall） 94, 96-99, 105
張競 119
ツァヘルト、ヘルベルト（Zachert, Herbert） 102
ブランデンシュタイン＝ツェッペリン（Brandenstein=Zeppelin） 82
ツェルセン、孝子・フォン（Zersen-Kojima,Takako von） 104
ツェルナー、ラインハルト（Zöllner, Reinhard） 152
ディドロ（Diderot, Denis） 17
勅使河原茜 52
寺田寅彦 138
暉峻康隆 147
田耕 41
天皇 126
天皇皇后両陛下 70, 198
テンブロイ天龍（Tenbreul, L.Tenryu） 188, 189
東洲斎写楽 79
徳川家斉 18
徳川綱吉 16
土佐広周 79
朝永振一郎 23, 140
ドューリング玄峰（Doering, Genpo） 172
豊澤富助（五代） 63-65
豊竹英太夫（三代） 65
豊竹呂太夫（五代） 64
トランストロンメル（Tranströmer, Tomas） 106
トレーデ、メラニー（Trede, Melanie） 147
ドンブラディ、ゲザ（Dombrady, Geza） 102,153,157

な行

ナウマン、ヴォルフラム（Naumann, Wolfram） 102
ナウマン、エドムント（Naumann, Edmund） 127
永井荷風 121, 143
長岡半太郎 23
中川正壽 171
中條和子 51
中曽根首相 139
中村歌右衛門（六代） 60
中村歌六（五代） 60
中村勘三郎（一七代） 59
中村勘三郎（一八代） 62
中村雁治郎（二代） 60
中村児太郎（五代） 60
中村芝翫（七代） 60
中村芝雀（七代） 60
中村扇雀（三代） 62
中村時蔵（五代） 61
中村富十郎（五代） 61
中村橋之助（三代） 62
中村福助（八代） 61
中村理恵 171
夏目漱石 112, 116
ニーチェ（Nietzsche, Friedrich）

シーボルト、アレクサンダー（Alexander, Sieboid） 19, 20
シーボルト、フランツ・フォン（Siebold, Franz von） 17-21, 82
シーボルト、ハインリッヒ（Siebold, Heinrich von） 20, 24
ジーモン、フリードリヒ（Simon, Friedrich）198
シェーナ、アレキサンドラ（Scöner, Alexandra） 188
塩津哲生 56
志賀潔 23
志賀直哉 113,116
重光葵 187
茂山七五三 59
茂山千之丞 58
實川延若（三代） 60
ジッド、アンドレ（Gide, André） 28
島尾敏雄 121
島崎藤村 121
島田信吾 154
シミオッティ明仙 189
清水陽一 77
志水美郎 181
士門萃毓 163
シャート＝ザイフェルト、アネッテ（Schad-Seifert, Annette） 154
シャイア、カレン（Shire, Karen） 156
シャック、ゲルハルト（Schack, Gerhard） 90, 91
社本正登司 181
シャモニ、ヴォルフガング（Schamoni, Wolfgang） 146, 147,188
シューベルト（Schubert, Franz P.） 195
シューマン（Schumann, Robert A.） 140
シューレンブルク、ステファン（Schulenburg, Stephan G. von） 88
シュナーベル、シビル（Schnabel, Sybille） 177
シュナイダー、ローランド（Schneider, Roland） 144, 157, 158, 206
シュプリンガー、ルドルフ（Springer, Rudolf） 87
シュミット、カトリーヌ・スーザン（Schmidt, Katrin-Susanne） 165
シュリンプ、モニカ（Schrimf, Monika） 146
シュルツ、エヴェリン（Schlz, Evelyn） 143
シュレーダー美枝子（Schroeder, Mieko） 105
シュロムス、アデーレ（Schlombs, Adele） 89
ショルツ＝チョンカ、スタンカ（Schlz-Cionca, Stanca） 150
シラー（Schiller, Friedrich von） 140
白井光子 178
代谷幸子 50
神保五弥 147
新村出 23
鈴木梅太郎 23
鈴木大拙 100, 106
鈴木誠 66
ゾンマーカンプ、ザビーネ（Sommerkamp, Sabine） 102

た行

タウト、ブルーノ（Taut, Bruno） 26, 27, 205
髙野昭夫 170
高橋景保 18
竹澤團七（初代） 65

クヴェンツァー、ヨーク
（Quenzer, Jörg B.） 158
クーシュー、ポール・ルイ
（Couchoud Paul-Louis） 94, 98, 105
串田和美 62
楠本其扇（お滝） 17
久米邦武 22
クライナー、ヨーゼフ（Kreiner, Josef）
129, 151
クライン、アクセル（Klein, Asel）
156
クラハト、クラウス（Kracht, Klaus）
138, 149
倉本宗信 49, 51
グリム兄弟 （Jacob & Wilhelm, Grimm） 195
クリンゲ、ギュンター
（Klinge, Günther） 103
クルツ、カール・ハインツ
（Kurz, Karl Heinz） 102, 104
クルマス、フロリアン
（Coulmas, Florian） 155
グレーフェ彧子（Graefe Ayako） 53
グロスマン、アイケ（Grossmann, Eike） 159
グロッセ、エルンスト（Ernst, Grosse）
83
クロムファス、マリオン
（Klomfass, Marion） 174
グンデルト、ヴィルヘルム
（Gundert, Wilhelm） 99, 100, 157
グンプ・ヘルマン（Gumpp, Hermann）
49
ゲーテ（Goethe, Johann Wolfgang von）
140, 195
ケーベル（Koeber, Raphael von） 23
ケストナー（Kästner, Erich） 195
ゲップハルト、リセット
（Gebhardt, Lisette） 149
ケプケ、ヴルフ（Kopke, Wulf） 92
ケプラー、ヨハネス
（Kepler, Johannes） 144
ケーン、シュテファン
（Köhn, Stephan） 153
ゲンプト、フォルカー
（Gempt, Volker） 177
ケンペル、エンゲルベルト
（Kaempfer, Engelbert） 14-17, 28, 151
皇太子殿下 67, 139
河野多恵子 121
河野元昭 85
ゴールドシュミット、ヴィクトア
（Victor, Goldschmidt） 86
コシノジュンコ 42
小島信夫 120
ゴスマン、ヒラリア
（Hilaria, Gössmann） 150
コッホ（Koch,Robert） 138
小林一茶 103
小林敏明 141
小宮正安 58
小茂田、ポイントナー（Pointner-Komode, Shusui H.） 55

さ行

西行 143
佐々木丞平 85
佐々木スタンゲ峰子 （Sasaki-Stange, Mineko） 48, 51, 91
佐々木鉄心 177
貞奴 27, 28, 152
佐渡裕 166
サロモン、ハラルト
（Salomon, Harald） 139
沢木欣一 105
三遊亭圓楽（五代） 45
三遊亭竜楽 45

梅溪昇　22
梅若紀長　57
梅若万紀夫　57
梅若万三郎（三世）　57
梅若六郎　56
エームケ、フランチィスカ（Ehmcke, Franziska）　153
エシュバッハ＝サボー、ヴィクトリア（Eschbach-Szobo, Viktoria）　145
円地文子　121
エンデ（Ende, Michael）　195
オイレンブルク（Eulenburg, Friedrich）21
大石ヘス幸子　55
大江健三郎　112-116, 121, 141
大岡昇平　121
大久保利通　22
大谷悠　169
大槻玄沢　18
大庭みな子　121
オーバーレンダー、クリスティアン（Oberländer, Christian）　142
大矢幸男　49
オールコック、ラザフォード（Alcock, Rutherford）　76
尾形光琳　54
尾形裕康　22
小川正晃　42
奥村正信　79
尾崎真理子　119
小澤征爾　166
尾上菊之助（七代）　59
尾上梅幸（七代）　59
小原豊雲　54

か行

ガーゲルン、ヘレーネ・フォン（Gagern, Helene von）　19
カーン、アルベール（Kahn, Albert）98
樫本大進　166
カスパー、クラウス（Kasper, Klaus）177
片野順子　52
片山九郎右衛門　57
香月・ペステマー典子（Katsuki-Pestemer, Noriko）　130
加藤周一　122
金子兜太　105
狩野琇鵬　57
狩野秀生　56
カフカ（Kafka, Franz）　195
河合隼雄　119
川上音二郎　27, 28, 152
川端康成　112-115,121,158
観世清和　57
観世元正　56
カント（Kant, Immanuel）17, 26, 195
キーン、ドナルド（Keene, Donald）65
キカート、イングマー（Kikat, Ingmar）44
岸本斉史　34
北里柴三郎　23, 138
喜多実　56
木戸孝允　22
木村善行　43
キュステル、ハンス・ヨアヒム（Küster, Hans-Joachim）79
ギュンター、ロベルト（Günther, Robert）　181
キュンメル、オットー（Kümmel, Otto）　78
桐竹勘十郎（三代）　65
キンスキー、マイケル（Kinski, Michael）　149
キンドル（Kinder, Thomas W.）　23

索　引

【人名索引】

あ行

アインシュタイン、アルベルト（Einstein, Albert）138, 204
フリードリッヒ・アウグスト一世（Friedrich August Ⅰ）　80, 81
青木周蔵　23
青山隆夫　184
アキノ、コラソン（Aquino, Corazon）106
芥川龍之介　112-115
淺野香　43
アストン（Aston, William G.）94, 96, 97, 106
安部公房　112, 113, 116
アヘンバッハ、ノラ（Achnbach, Nora）90
荒井ハナ　24
荒木忠男　104, 105
荒木芳邦　71
アレン、エレン（Allen, Ellen G.）　52
アロカイ、ユディット（Árokay, Judit）148
阿波研造　25
安藤忠雄　89, 90
アントーニ、クラウス（Antoni, Klaus）145
アンドレ守道（Andre, M.Shudo）　189
池田菊苗　23, 140
石牟礼道子　121
市川猿之助（三代）　60, 61
市川左團次（四代）　61
市川團十郎（一二代）　61
市川段四郎（四代）　60,61
市川萬次郎（二代）　61
市川門之助（七代）　60
市村羽左衛門（一七代）　59
伊藤鉄也　116, 118
伊藤博文　22
稲畑汀子　105
井上靖　112-114, 116, 121, 158
井伏鱒二　113, 116, 121
今村源右衛門　15
ヴァイツゼッカー、リヒアルト（Weizsäcker, Richart von）　196
ヴァルデンベルガー、フランツ（Franz, Waldenberger）　129, 143
ヴィースホイ、ゲルハルト（Wiesheu, Gerhard）　50, 174, 175
ヴィースホイ・小野由美子（Wiesheu, Ono Yumiko）　50
ヴィルヘルム一世（Wilhelm Ⅰ）（ドイツ皇帝）　21
ヴィルヘルム三世（プロイセン王）（Wilhelm Ⅲ, Friedrich）　138, 151
ウェーリー、アーサー（Waley, Arthur）　117
上原敬二　68
ヴェルトリッヒ、ウタ（Werlich, Uta）85
ウォラー聖法（Woller, A.Seiho）　189
ヴォルテール（Voltaire, 本名 François Marie Arouet）　17
ヴォンデ、ベアーテ（Weber, Beate）139
内田園生　105
内田百閒　120
宇野千代　121
梅坂今子　167

◉著者紹介

寺澤　行忠（てらざわ・ゆきただ）
1942年4月、東京に生れる。
慶應義塾大学大学院修士課程修了
現在　慶應義塾大学名誉教授・文学博士
　　　横浜日独協会理事
専攻　日本文学・日本文化論
主要著作
『山家集の校本と研究』　1993年3月　笠間書院刊
『西行集の校本と研究』　2005年3月　笠間書院刊
『新編私家集大成 CD-ROM 版』（西行諸歌集担当）
2008年12月　エムワイ企画刊
『アメリカに渡った日本文化』2013年7月　淡交社刊
など

ドイツに渡った日本文化

2017年10月31日　初版第1刷発行

著　者　寺　澤　行　忠
発行者　石　井　昭　男
発行所　株式会社明石書店
〒101-0021 東京都千代田区外神田 6-9-5
電話 03（5818）1171
FAX 03（5818）1174
振替　00100-7-24505
http://www.akashi.co.jp/
装丁／組版　明石書店デザイン室
印刷／製本　日経印刷株式会社

（定価はカバーに表示してあります）　ISBN978-4-7503-4575-8

◆ 世界の教科書シリーズ ◆

❶ 新版 **韓国の歴史**【第二版】 国定韓国高等学校歴史教科書
大槻健、君島和彦、申奎燮 訳 ◎2900円

❷ わかりやすい **中国の歴史** 中国小学校社会教科書
小島晋治 監訳 大沼正博 訳 ◎1800円

❸ わかりやすい **韓国の歴史**【新装版】 国定韓国小学校社会科教科書
石渡延男 監訳 三橋ひさ子、三橋広夫、李彦叔 訳 ◎1400円

❹ 入門 **韓国の歴史**【新装版】 国定韓国中学校国史教科書
石渡延男 監訳 三橋広夫 共訳 ◎2800円

❺ 入門 **中国の歴史** 中国中学校歴史教科書
小島晋治、並木頼寿 監訳 大里浩秋、川上哲正、小松原伴子、杉山文彦 訳 ◎3900円

❻ **タイの歴史** タイ高校社会科教科書
中央大学政策文化総合研究所 監修 柿崎千代 訳 ◎2800円

❼ **ブラジルの歴史** ブラジル高校歴史教科書
C・アレンカール、L・カルピ、M・V・リベイロ 著 東明彦、アンジェロ・イシ、鈴木茂 訳 ◎4800円

❽ **ロシア沿海地方の歴史** ロシア沿海地方高校歴史教科書
ロシア科学アカデミー極東支部 歴史・考古・民族学研究所 編 村上昌敬 訳 ◎3800円

❾ 概説 **韓国の歴史** 韓国放送通信大学校歴史教科書
宋讃燮、洪淳権 著 藤井正昭 訳 ◎4300円

❿ **躍動する韓国の歴史** 民間版代案韓国歴史教科書
全国歴史教師の会 編 三橋広夫 監訳 日韓教育実践研究会 訳 ◎4800円

⓫ **中国の歴史** 中国高等学校歴史教科書
人民教育出版社歴史室 編著 小島晋治、大沼正博、川上哲正、白川知多 訳 ◎6800円

⓬ **ポーランドの高校歴史教科書**【現代史】
アンジェイ・ガルリツキ 著 渡辺克義、田口雅弘、吉岡潤 監訳 ◎8000円

⓭ **韓国の中学校歴史教科書** 中学校国定国史
三橋広夫 訳 ◎2800円

⓮ **ドイツの歴史**【現代史】 ドイツ高校歴史教科書
W・イェーガー、C・カイツ 編著 中尾光延 監訳 小倉正宏、永末和子 訳 ◎6800円

⓯ **韓国の高校歴史教科書** 高等学校国定国史
三橋広夫 訳 ◎3300円

⓰ **コスタリカの歴史** コスタリカ高校歴史教科書
イバン・モリーナ、スティーヴン・パーマー 著 国本伊代、小澤卓也 訳 ◎2800円

⓱ **韓国の小学校歴史教科書** 初等学校国定社会・社会科探究
三橋広夫 訳 ◎2000円

〈価格は本体価格です〉

◆世界の教科書シリーズ◆

⑱ **ブータンの歴史**
ブータン小・中学校歴史教科書
ブータン王国教育省教育部 編　平山修一 監訳
大久保ひとみ 訳
◎3800円

⑲ **イタリアの歴史【現代史】**
イタリア高校歴史教科書
ロザリオ・ヴィッラリ 著　村上義和、阪上眞千子 訳
◎4800円

⑳ **インドネシアの歴史**
インドネシア高校歴史教科書
イ・ワヤン・バドリカ 著　石井和子 監訳
桾沢英雄、菅原由美、田中正臣、山本肇 訳
◎4500円

㉑ **ベトナムの歴史**
ベトナム中学校歴史教科書
ファン・ゴク・リエン 監修　今井昭夫 監訳
伊藤悦子、小川有子、坪井未来子 訳
◎5800円

㉒ **イランのシーア派イスラーム学教科書**
イラン高校国定宗教教科書
富田健次 訳
◎4000円

㉓ **ドイツ・フランス共通歴史教科書【現代史】**
1945年以後のヨーロッパと世界
ペーター・ガイス、ギヨーム・ル・カントレック 監修
福井憲彦、近藤孝弘 監訳
◎4800円

㉔ **韓国近現代の歴史**
検定韓国高等学校近現代史教科書
韓哲昊、金基承 ほか著　三橋広夫 訳
◎3800円

㉕ **メキシコの歴史**
メキシコ高校歴史教科書
ホセ＝デ＝ヘスス・ニエト＝ロペス ほか著
国本伊代 監訳　島津寛 共訳
◎6800円

㉖ **中国の歴史と社会**
中国中学校新設歴史教科書
課程教材研究所 綜合文科課程教材研究開発中心 編著
並木頼寿 監訳
◎4800円

㉗ **スイスの歴史**
スイス高校現代史教科書〈中立国とナチズム〉
バルバラ・ボンハーゲ、ペーター・ガウチ ほか著
スイス文学研究会 訳
◎3800円

㉘ **キューバの歴史**
キューバ中学校歴史教科書
先史時代から現代まで
キューバ教育省 編　後藤政子 訳
◎4800円

㉙ **フィンランド中学校現代社会教科書**
15歳 市民社会へのたびだち
タルヤ・ホンカネン ほか著　高橋睦子 監訳
ペトリ・ニエメラ、藤井ニエメラみどり 訳
◎4000円

㉚ **フランスの歴史【近現代史】**
フランス高校歴史教科書
19世紀中頃から現代まで
マリエル・シュヴァリエ、ギヨーム・ブレル 監修
福井憲彦 監訳　遠藤ゆかり、藤田真利子 訳
◎9500円

㉛ **ロシアの歴史**
【上】古代から19世紀前半まで
ロシア中学・高校歴史教科書
A・ダニロフ ほか著　吉田衆一、A・クラフツェヴィチ 監修
◎6800円

㉜ **ロシアの歴史**
【下】19世紀後半から現代まで
ロシア中学・高校歴史教科書
A・ダニロフ ほか著　吉田衆一、A・クラフツェヴィチ 監修
◎6800円

〈価格は本体価格です〉

◆世界の教科書シリーズ◆

33 世界史のなかのフィンランドの歴史
フィンランド中学校近現代史教科書
ハッリ・リンタ＝アホ、マルヤーナ・ニエミ ほか著
百瀬宏 監訳 石野裕子、髙瀬愛 訳
◎5800円

34 イギリスの歴史【帝国の衝撃】
イギリス中学校歴史教科書
ジェイミー・バイロン ほか著 前川一郎 訳 ◎2400円

35 チベットの歴史と宗教
チベット中学校歴史宗教教科書
チベット中央政権文部省 著 石濱裕美子、福田洋一 訳
◎3800円

36 イランのシーア派イスラーム学教科書II
イラン高校国定宗教教科書【3・4年次版】
富田健次 訳 ◎4000円

37 バルカンの歴史
バルカン近現代史の共通教材
南東欧における民主主義と和解のためのセンター（CDRSEE）企画
クリスティナ・クルリ 総括責任 柴宜弘 監訳
◎6800円

38 デンマークの歴史教科書
デンマーク中学校歴史教科書
古代から現代の国際社会まで
イェンス・オーイェ・ポールセン 著 銭本隆行 訳
◎3800円

39 検定版 韓国の歴史教科書
高等学校韓国史
イ・インソク、チョン・ヘンニョル、パク・チュンヒョン、パク・ポミ、キム・サンギュ、イム・ヘンマン 著 三橋広夫、三橋尚子 訳
◎4600円

40 オーストリアの歴史【第二次世界大戦終結から現代まで】
ギムナジウム高学年歴史教科書
アントン・ヴァルト、エドゥアルト・シュタウディンガー、アロイス・ショイヒャー、ヨーゼフ・シャイプル 著 中尾光延 訳
◎4800円

41 スペインの歴史
スペイン高校歴史教科書
J.アロステギ・サンチェス、M.ガルシア・セバスティアン、C.ガテル・アリモント、J.パラフォクス・ガミル、M.リスケス・コルベーリャ 著
立石博高 監訳 竹下和亮、内村俊太、久木正雄 訳
◎5800円

42 東アジアの歴史
韓国高等学校歴史教科書
アン・ビョンウ、キム・ヒョンジョン、イ・グヌ、シン・ソンゴン、ハム・ドンジュ、キム・ジョンイン、パク・チュンヒョン、チョン・ヨン、ファン・ジスク 著
三橋広夫、三橋尚子 訳
◎3800円

43 ドイツ・フランス共通歴史教科書【近現代史】
ウィーン会議から1945年までのヨーロッパと世界
ペーター・ガイス、ギヨーム・ル・カントレック 監修
福井憲彦、近藤孝弘 監訳
◎5400円

44 ポルトガルの歴史
小学校歴史教科書
アナ・ロドリゲス・オリヴェイラ、アリンダ・ロドリゲス、フランシスコ・カンタニェデ 著 A.H.デ・オリヴェイラ・マルケス 校閲
東明彦 訳
◎5800円

――◆以下続刊

〈価格は本体価格です〉

ヒトラーの娘たち
ホロコーストに加担したドイツ女性

ウェンディ・ロワー 著
武井彩佳 監訳　石川ミカ 訳

四六判／上製／328頁
◎3200円

ナチス・ドイツ占領下の東欧に赴いた一般女性たちは、ホロコーストに直面したとき何を目撃し、何を為したのか。個々の一般ドイツ女性をヒトラーが台頭していったドイツ社会史のなかで捉え直し、歴史の闇に新たな光を当てる。

2013年全米図書賞ノンフィクション部門最終候補選出作

● 内容構成 ●
